Verlage und ihre Geschichte

Günther Fetzer

Verlage und ihre Geschichte

Achtundzwanzig Rezensionen

Dank an den Freundeskreis der Erlanger Buchwissenschaft, der den Druck dieses Buchs ermöglicht hat.

Bibliografische Information der Deutschen Nationalbibliothek: Die Deutsche Nationalbibliothek verzeichnet diese Publikation in der Deutschen Nationalbibliografie; detaillierte bibliografische Daten sind im Internet über http://dnb.d-nb.de abrufbar.

Umschlaggestaltung: Annika Kirsch
Herstellung und Verlag: BoD – Books on Demand, Norderstedt
ISBN 978-3-7448-1869-8

Inhaltsverzeichnis

Vorwort

Verlage und ihre Geschichte sind ein wesentliches Segment der Buchwissenschaft. So umfasst beispielsweise die Fachbibliothek des Instituts für Buchwissenschaft an der FAU Erlangen-Nürnberg über 850 einschlägige Schriften. Aber auch Verlage lassen ihre eigene Geschichte erforschen oder stellen sich selbst dar und dokumentieren dies in teils aufwendig gestalteten Büchern.

Nun wird man nicht von einer Publikationsflut in diesem Sektor sprechen können, doch wird es auch für den fachlich Interessierten schwer, alle Publikationen zu rezipieren. Daher sind Rezensionen hier – wie in vielen anderen Fällen – ein wichtiges Orientierungsmittel. Georg Jäger, einer der verdienstvollen deutschen Buchwissenschaftler unserer Zeit, hat in seinem leider viel zu wenig zur Kenntnis genommenen kurzen Aufsatz *Von Pflicht und Kür im Rezensionswesen* auf *IASL online* das Nötige und Bedenkenswerte gesagt. Für ihn ist die Berichtspflicht »Fundament und Ausgangspunkt des Pflichtenkatalogs einer wissenschaftlichen Rezension«. An zweiter Stelle folgen die »kritische Reflexion des methodischen Vorgehens« und die Quellenkritik. Die »Pflicht der Wertung« misst das zu besprechende Werk vor allem »an seinen eigenen Vorgaben (Zielsetzung, Hypothesen)«. Besonderes Augenmerk richtet Jäger auf die Rezension von Sammelwerken, die oft nur ›Buchbindersynthesen‹ sind. Soll hier Beitrag für Beitrag angesprochen werden? Hat der Rezensent die Aufgabe, nachträglich Struktur in ein Werk zu bringen, an der es diesem offenkundig mangelt? Und schließlich redet Jäger der sachgerechten und der »Ethik wissenschaftlicher Kommunikation« entsprechenden ›Feuilletonisierung‹ eindringlich das Wort, denn »das Schlimmste, was der Wissenschaft in der Innen- wie Außendarstellung widerfahren kann«, sei »die Verbreitung von Langeweile« (Jäger 2001).

Der Verfasser der hier versammelten Rezensionen hat sich bemüht, diesen Anforderungen zu genügen. In Fragen der Wertung hat er dabei

Kritik geübt, die nicht unwidersprochen blieb (Wittmann 2015). Insgesamt finden sich in diesem Band 28 Rezensionen, die im Zeitraum zwischen 2012 und 2017 im *Archiv für Geschichte des Buchwesens* (als Sammelrezensionen) sowie auf *IASL online* und auf *literaturkitik.de* veröffentlicht wurden. Ein systematischer Anspruch liegt der Auswahl der besprochenen Werke nicht zugrunde; sie ist der jeweiligen Publikationslage geschuldet.

Die meisten der besprochenen Werke stellen entweder die Geschichte eines Verlags von seiner Gründung bis heute oder einen wichtigen Teil einer solchen Geschichte dar. Es dominieren die literarischen Verlage, Wissenschafts- und Fachverlage sind eher selten vertreten. Von Buchtypus und Darstellungsart her sind wissenschaftliche Qualifikationsarbeiten, Selbstdarstellungen der Verlage und Titel vertreten, die als Auftragsarbeiten entstanden sind. Letztere unterliegen den Restriktionen, die Monika Estermann plastisch beschrieben hat: »Die Verfasser sind in ihrem Aktionsradius beschränkt, sie liegen wie Hofhunde an der langen Leine.

Das muss nicht unbedingt negativ sein [...]. Es kann also sein, dass der Autor im günstigsten Fall die Kette gar nicht spürt, im extremen Gegenteil aber von ihr stranguliert wird.« (Estermann 2007, S. 216) Autobiografische Blicke auf den jeweiligen Verlag sowie Arbeiten zu Taschenbuchverlagen runden die Palette des Dargebotenen ab.

Der Übersichtlichkeit halber wurden die Sammelrezensionen in Einzelbeiträge aufgelöst, die alphabetisch nach dem Verlagsnamen angeordnet sind. Dabei wurden geringfügige redaktionelle Anpassungen nötig. Die Beiträge aus *IASL online* und *literaturkitik.de* erscheinen unverändert.

Die erneute Publikation der Texte wurde in den beiden Lehrveranstaltungen *Selfpublishing* und *Publizieren ohne Verlag* im Rahmen des Studiengangs Buchwissenschaft an der FAU Erlangen-Nürnberg im Sommersemester 2017 vorbereitet. Der Verfasser dankt allen, die bei der Einrichtung der Texte und der Drucklegung mitgeholfen haben, vor allem Laura Baumgarten, Lena Buch, Annika Kirsch und Annekathrin Müller, Annika Kirsch für die Gestaltung des Umschlags.

Arche Verlag
Eine Arche ist eine Arche ist eine Arche

Am 31. Dezember 1982 kauften die aus Oldenburg stammende Lektorin Elisabeth Raabe und die Schweizer Buchhändlerin Regina Vitali den Züricher Arche-Verlag. Dieser war seit dem Tod seines Gründers, Peter Schifferli, im Jahr 1980 verlegerisch verwaist gewesen. Am 1. Juli 2008 verkauften die Verlegerinnen den Arche Literatur Verlag an die Hamburger Verlagsgruppe Oetinger. Dazwischen liegen 26 Jahre verlegerischer Arbeit, die Elisabeth Raabe in ihren Erinnerungen *Eine Arche ist eine Arche ist eine Arche* beschreibt.

Die neuen Inhaberinnen übernahmen einen traditionsreichen Verlag, für den Autoren wie Paul Claudel und Georges Bernanos, Hans Arp und Ezra Pound sowie Adolf Muschg und Friedrich Dürrenmatt standen. In der ersten Zeit zehrte das nun als Arche Verlag AG, Raabe + Vitali firmierende Unternehmen von der Verwertung der reichen Backlist, die Schifferli aufgebaut hatte. Rohbogen der *Sammlung Horizonte* wurden aufgebunden, Schätze der alten Reihe *Kleine Bücher der Arche* in der *Neuen Arche Bücherei* wieder aufgelegt, im Arche-Fundus vorhandene Texte erschienen als preiswerte Paperbacks. Doch: »Ein Neuanfang war in jeder Hinsicht mehr als notwendig. Programmatisch, vertrieblich und wirtschaftlich. Es war ein eingeschlafener Schweizer Kleinverlag mit kostbarem Gepäck, der bei Buchhändlern, Lesern und Kritikern von der Hoch-Zeit seiner Vergangenheit zehrte.« (S. 33) Vor allem musste der deutsche Markerschlossen werden, denn die heimische Schweiz hatte damals einen Anteil von 70 Prozent am Gesamtumsatz. Das sollte mit einer neuen Vertretermannschaft und mit der Aufgabe der eigenen Auslieferung und deren Übertragung in professionelle Hände gelingen. Doch das stellte sich als schwieriger als gedacht heraus, denn Ende der 1980er Jahre war

»der Sprung über den Rhein auf den größeren westdeutschen Markt noch immer nicht gelungen«.

Das hing durchaus auch mit dem Programm zusammen. Die Verlagsrechte an Friedrich Dürrenmatt und Friedrich Glauser gingen verloren. Der Versuch, Ezra Pounds und Gertrude Steins Bücher zu neuem Leben zu erwecken und neue Titel zu verlegen, misslang. Die *Arche-Editionen des Expressionismus*, initiiert und herausgegeben von Raabes Bruder Paul Raabe, war »ökonomisch ein Desaster« (S. 89). Auch neue Autoren wie die Südafrikanerin Wilma Stockenström, die Niederländerin Anna Blamann sowie Barbara Strohschein konnte der Verlag nicht durchsetzen.

Wirtschaftliche Stütze war in dieser Zeit der *Arche Literatur Kalender*, der erstmals für das Jahr 1985 erschien und von dem insgesamt nach Angaben des Verlags über eine halbe Million Exemplare verkauft wurden. Später erweiterten die Verlegerinnen mit dem *Arche Musik Kalender* (1995) und dem *Arche Küchen Kalender* (2004) die Grundidee zur Produktfamilie. Beim späteren Verkauf des Verlags behielten die Verlegerinnen diesen Teil und führen ihn bis heute fort.

Ermutigt durch den Erfolg des Literaturkalenders wagte der Verlag mit dem Kauf des literarischen Teils des Luchterhand Verlags eine spektakuläre Expansion. Der Hermann Luchterhand Verlag in Neuwied als gemischter Verlag aus dem weitaus größeren juristischen Fachverlag und dem literarischen Verlag war 1987 an den niederländischen Kluwer-Konzern (heute Wolters Kluwer) verkauft worden. Das literarische ›Anhängsel‹ in Darmstadt war für den Fachbuch- und Wissenschaftsriesen nicht von Interesse, und so konnte Arche noch im selben Jahr den renommierten literarischen Teil mit Autoren wie Günter Grass, Peter Härtling, Gabriele Wohmann, Anna Seghers und Christa Wolf sowie der Taschenbuchreihe *Sammlung Luchterhand* zu einem vermutlich nicht allzu hohen Preis übernehmen, denn »wir suchten ein Standbein in der Bundesrepublik« (S. 102). Zu spät musste man feststellen, dass die Taschenbuchrechte für den neuen Roman von Grass, *Die Rättin*, kurz vor den Verhandlungen mit Kluwer zu einem hohen Vorschuss verkauft worden waren. Zudem stellte sich später heraus, dass die Verluste des literarischen Luchterhand Verlags über die letzten zehn Jahre hinweg nicht in

der Bilanz auftauchten, weil man durch kreative Buchführung die Herstellkosten durch die hauseigene Druckerei nicht ausgewiesen hatte.

Die Wiedervereinigung Deutschlands im Jahr 1990 hatte für Luchterhand dramatische Folgen, denn der Verlag lebte in hohem Maß von den
Lizenzen, die DDR-Verlage dem westdeutschen ›linken‹ Verlag Luchterhand übertragen hatten. Auf dem nun gesamtdeutschen Buchmarkt fielen die Rechte in der Regel an den lizenzgebenden DDR-Verlag zurück,
allen voran an den Aufbau-Verlag mit Christoph Hein, Hermann Kant
und Irmtraud Morgner.

Im Sommer 1991 siedelte der Verlag nach Hamburg über, weil die finanzielle Situation nach der Kündigung eines Bankkredits schwierig
geworden war und der dortige Senat mit zinsgünstigen Krediten lockte:
»Der Umsatz war bei gleichbleibenden Fixkosten dramatisch gesunken.«
(S. 132f.) Weitere Maßnahmen, um den Verlag zu stabilisieren, waren
notwendig. Die Vertriebsrechte und das Warenlager der *Sammlung Luchterhand* wurden an den Deutschen Taschenbuch Verlag in München verkauft, und das operative Geschäft von Arche, die noch immer in Zürich
residierte, wurde nach Hamburg verlagert sowie Lektorat und Presse für
die beiden Verlage dort zusammengefasst. Doch die Maßnahmen fruch-
teten nicht, so dass die Verlegerinnen schließlich ihre Anteile zum 1.
März 1994 an den Münchner Wirtschaftsanwalt Dietrich von Boetticher
verkaufen mussten, um »wenigstens unsere Arche, die kleine ›Mutter‹,
zu retten« (S. 142). Ein Jahr später wurde auch der mit der Arche übernommene Verlag Sanssouci, »das heitere Beiboot« (S. 71), an den Carl
Hanser Verlag in München verkauft, wo er lange Zeit erfolgreich geführt
wurde: »Ich hatte keine Ader für Sanssouci« (S. 72), merkt Raabe selbst-
kritisch an.

Die Jahre zwischen 1995 und 2002 bezeichnet die Autorin als »Höhe-
punkte in unserem Verlegerinnenleben« (S. 153), und in der Tat erschienen in dieser Zeit wichtige und auch erfolgreiche Bücher von u. a. Jürg
Amann, Maarten 't Hart, Stéphane Hessel und Peter Stamm. Doch in
allen Fällen »begann das übliche Endspiel« (S. 175), und die Autoren
wechselten zugunsten lukrativer Vorschüsse zu großen Verlagen. Die
Jahre bis zum Verkauf des Verlags an die Oetinger Gruppe nehmen nur

wenige Zeilen in der »Kleinen Chronologie der verlegerischen Ereignisse« ein, die das Buch beschließt.

Das Buch ist der nach den jeweiligen Verlagsadressen in Zürich und Hamburg strukturierte Bericht über anspruchsvolle Projekte und Titel, über Misserfolge, über Kooperationen, über Mitarbeiter und Buchhandelsvertreter. Im Zentrum stehen aber die Begegnungen mit Autoren, Übersetzern, Erben, Nachlassverwaltern und Verlegerkollegen. Allerdings reiht sich zu oft Kleinporträt an Kleinporträt. Nur selten wird eine Person wie in dem liebevollen Porträt des Filmkritikers Karsten Witte wirklich plastisch beschrieben. Auch sprachlich rutscht das manchmal in dürre Beschreibungsprosa ab:»Der Autor Dürrenmatt erlebte in den nächsten fünf Jahren bis zu seinem Tod 1990 eine Phase neuer Produktivität und großer literarischer Ehrungen.« (S. 25) Dazu gehören auch die langen Aufzählungen der Personen, die bei einem Verlagsfest anwesend waren, wie etwa bei der Party anlässlich des 40-jährigen Bestehens des Verlags im Jahr 1984.

Verlagshistorisch interessant wären einige Zahlen zur Ökonomie. Leider bleibt die oben zitierte Verkaufszahl vom *Literaturkalender* mehr oder weniger die einzige konkrete Angabe. Zwar kann man zu Recht keine Zahlen zu den Übernahmepreisen bei dem Kauf von Luchterhand oder dem Weiterkauf an von Boetticher oder dem Erlös aus dem Sanssouci-Deal mit Hanser erwarten, aber Umsatzzahlen sind heutzutage nicht mehr das Geheimnis, das hier aus ihnen gemacht wird.

Die Frage nach dem ökonomischen Hintergrund des Verlags und dem entsprechenden Engagement von Regina Vitale wird immer wieder charmant abgebogen, doch klar ist, dass Vitali vielleicht nicht »ganze Straßenzüge« (S. 104) in Zürich besaß (wie in der Branche kolportiert wurde), aber sie doch den Verlag mit zinslosen Darlehen und der sicher kostengünstigen Überlassung eigener Immobilien stützte, bis ihr Vermögen »aufgebraucht« und der Verlag auf die »großzügige Hilfe einer Hamburger Mäzenin« (S. 144) angewiesen war. Man hätte es ja nicht so unverblümt-unverschämt ausdrücken müssen, wie Peter Härtling das bei den Verhandlungen über das Luchterhand-Autorenstatut tat. Er fragte Vitali,»ob sie denn noch eine zusätzliche Wiese aus dem Erbe ihrer Mutter habe, wenn die Zeiten schlechter würden« (S. 104).

Das Buch ist im Eigenverlag Edition Momente erschienen und wurde von dem von Raabe hoch gelobten Max Bartholl gestaltet, der von Anfang als Buchdesigner und Typograf dabei war. Leider sind fast alle der rund 120 Schwarz-Weiß-Abbildungen nur wenig mehr als briefmarkengroß und kommen so im ohnehin kleinformatigen Buch nicht zur Geltung; zudem sind sie oft von schlechter Qualität. Die Bildunterschriften fehlen; die Informationen finden sich versteckt im Anhang. Neben den beiden Verlegerinnen ist Raabes um elf Jahre älterer Bruder Paul die am häufigsten abgebildete Person. Dies unterstreicht seine wichtige Rolle als Autor und Herausgeber, als Mentor und Ratgeber. Ihm ist, neben dem weiteren Bruder Wilhelm, das Buch gewidmet.

Raabe, Elisabeth: Eine Arche ist eine Arche ist eine Arche. Edition Momente: Zürich/Hamburg 2016. 239 Seiten. ISBN 978-3-952-44331-6.
Die Rezension erschien zuerst auf *literaturkritik.de*, Nr. 2, Februar 2017.

C. H. Beck Verlag
Der juristische Verlag

Der Beck-Verlag gehört zu den ältesten, heute noch aktiven Verlagen. Er befindet sich nach sechs Generationen noch immer in Familienbesitz und wird von Familienmitgliedern geführt. Aus Anlass des 250-jährigen Gründungsjahrs hat der Verlag seine Geschichte von zwei renommierten Professoren aufschreiben lassen, von dem emeritierten Rechtshistoriker Uwe Wesel für den juristischen Verlag, von dem Berner Althistoriker Stefan Rebenich für den kulturwissenschaftlichen Verlag[1]. Bis zur Entwicklung eines dezidiert kulturwissenschaftlichen Programms durch Oskar Beck seit 1884 finden sich etliche Parallelen und Dubletten in den beiden Bänden.

Der Band über den juristischen Verlag umfasst knapp 600 Seiten; die Hälfte davon für den Zeitraum von 1763 bis 1970 stammt von Uwe Wesel, der Rest von Hans Dieter Beck, dem Verleger, sowie Mitarbeitern des Verlags, denn für Wesel »als einzigen Autor [war es] eine nicht mehr erfüllbare Aufgabe, den langen historischen Zeitraum von 250 Jahren zu erschließen und zugleich der großen Fülle der Werke aus der neueren Zeit gerecht zu werden. Deshalb haben Verlagslektoren bei der letzten Phase der Manuskripterstellung mitgewirkt und haben neuere Sachgebiete und Verlagswerke beschrieben« (S. 5f). Nicht weniger als 25 namentlich aufgeführte Lektoren wurden kurzfristig eingespannt, um das Weselsche Manuskript zu retten, das – wie die Presse berichtet – höchst lückenhaft war.

Um es vorwegzunehmen: Der neuere Teil besteht aus einer Aneinanderreihung von Beschreibungen einzelner juristischer (Standard-)Werke,

---

[1] Siehe die Rezension in diesem Band.

die vom Handelsgesetzbuch über das Arztrecht bis zum Energierecht reichen und im Inhaltsverzeichnis aufgereiht sind. Der Informationsgehalt für den verlagsgeschichtlich Interessierten ist gering, wie das willkürlich herausgegriffene Beispiel aus dem Abschnitt zum Straßenverkehrsrecht zeigt: »Die aktuelle, 42. Auflage ist die erste, in der, bis auf das Straßenverkehrsgesetz, sämtliche Vorschriften gegenüber der Vorauflage neu gefasst worden sind, überwiegend mit inhaltlich und strukturell einschneidenden Rechtsänderungen. In den nur sieben Jahren seit Beginn ihrer Autorentätigkeit haben König und Dauer vollständige Neubearbeitungen des Kommentars in einem Umfang vornehmen müssen, den die Verfasser früherer Auflagen nicht in Jahrzehnten zu bewältigen hatten.« (S. 413) Zwischen solchen Ausführungen stehen kurze verlagshistorische Bemerkungen.

Was bietet der erste, von Wesel verfasste Teil des voluminösen Bands? Es ist die Geschichte des Verlags in den ersten zweihundert Jahren seines Bestehens. Die Zäsur wird in das Jahr 1970 gelegt. Der im sächsischen Erzgebirge geborene Carl Gottlob Beck (1733–1802) erwarb 1763 für die ansehnliche Summe von umgerechnet 300.000 Euro die Mundbachsche Druckerei und Buchhandlung in Nördlingen, wo die Becksche Druckerei noch heute ihren Sitz hat. Er verlegte Schul- und Gesangbücher, pädagogische Schriften, medizinische und volkswirtschaftliche Bücher und schon ein Jahr nach Übernahme der Firma ein erstes juristisches Fachbuch.

Sein Sohn Carl Heinrich Beck, nachdem der Verlag seither benannt ist, und dessen Witwe Catharina Magdalena führten das Werk fort; fast die Hälfte der steigenden Produktion waren theologische Schriften. Carl Beck, der 1846 die Leitung übernahm, machte die juristischen Bücher zum zweiten Standbein und publizierte erstmals juristische Fachzeitschriften, bevor dann Beck unter seiner Witwe und deren späterem zweiten Mann Ernst Rohmer nach der Reichsgründung 1871 neben Heymanns und Decker zu einem der führenden juristischen Verlage aufstieg.

1884 folgte der Sohn Carls, Oscar, der 30 Jahre lang an der Spitze des Unternehmens blieb und dieses 1889 nach München übersiedelte. Er weitete die Produktion stark aus und fügte den kulturwissenschaftlichen Bereich mit Altertumswissenschaft, klassischer Philologie und Geschichte hinzu. Mit *Der Wanderer zwischen beiden Welten* von Walter Flex (1916) hatte er einen großen Verkaufserfolg.

Nach seinem Tod 1924 übernahm sein Sohn Heinrich auch formal die Firma, nachdem er während der Krankheit seines Vaters bereits Jahre vorher das Programm des Hauses bestimmt hatte. Er verlegte in »Abweichung von der Generallinie, die der Verlag bis dahin verfolgt hatte« (S. 84), Oswald Spengler (1922/1923), Albert Schweitzer (1923) und Egon Friedell (1927) und erzielte wie sein Vater mit nicht-juristischen Titeln hohe Umsätze, was die Bedeutung des kulturwissenschaftlichen Verlagsteils deutlich steigerte. Gleichzeitig gelang ihm 1931 mit der Erstveröffentlichung der Gesetzessammlung *Schönfelder* ein riesiger Erfolg. Bis zum Ende des Zweiten Weltkriegs erschienen 17 Auflagen, seit 1935 als Loseblattausgabe. Derzeit liegt die 168. Auflage vor.

Nimmt die bisherige 170jährige Geschichte des Verlags knapp 100 Seiten ein, so gehören die folgenden 90 Seiten der Entwicklung des Verlags zwischen 1933 und 1945 einschließlich des Entnazifizierungsverfahrens gegen Heinrich Beck (S. 111–199). Das Unternehmen wurde durch den Kauf des jüdischen juristischen Verlags von Otto Liebmann (Vertrag als Faksimile im Anhang) im Dezember 1933 zu einem »der größten juristischen Verlage in Deutschland« (S. 111). Diese »Arisierung« gehörte zu den vier ersten von juristischen Verlagen nach der Machtergreifung.

Der Liebmann Verlag, in Berlin 1890 gegründet, war einer der wichtigen juristischen Verlage; hier erschien u. a. seit 1896 die einflussreiche *Deutsche Juristen-Zeitung* (DJZ), die ab 1934 von Carl Schmitt herausgegeben wurde. Beck übernahm ungefähr 150 Titel des Verlags (S. 127; auf S. 138 ist von 350 Titeln die Rede). Wesel bezeichnet den Kaufpreis von 305.000 Mark als »ein angemessenes Entgelt« (S. 135). Die Entwicklung des Programms bringt er auf den Punkt: »Auf der juristischen Seite des Verlags sah man naturgemäß mehr Nationalsozialistisches als auf den anderen vom Verlag gepflegten Gebieten.« (S. 140) Vor allem die Gleichschaltung zweier Fachzeitschriften war »ein Trauerspiel« (S. 145).

Bei den Büchern sei die Situation anders gewesen: »Auch hier gab es viel Nationalsozialistisches, aber auch eine große Zahl von Neuerscheinungen rein juristischen Inhalts ohne ideologisches Beiwerk des Nationalsozialismus.« (S. 146); eine Liste der »Bücher mit NS-Recht« findet sich auf den S. 149–151. Wichtige einzelne Werke daraus werden im Anschluss daran ausführlich dargestellt (S. 156–180).

Im Entnazifizierungsverfahren wurde Heinrich Beck am 1. Oktober 1947 aufgrund von 20 »Persilscheinen« als Mitläufer der Gruppe IV eingestuft. Diese Mitläufer haben – so das sogenannte Befreiungsgesetz von 1946 – »nicht mehr als nominell am Nationalsozialismus teilgenommen« (S. 199). Der Kernsatz der sechsseitigen Begründung (als Faksimile im Anhang) lautet: »Sie [die Spruchkammer] hat aus dem Verhalten des Betroffenen als Verleger den Eindruck gewonnen, dass sich dieser auch während der Zeit des Dritten Reiches sehr wohl seiner Pflichten als demokratisch und liberal eingestellter Staatsbürger bewusst geblieben ist und dass er trotz schweren auf ihn ausgeübten Druckes mit Erfolg bestrebt war, seinen Verlag von nationalsozialistischen Einflüssen nach Möglichkeit freizuhalten und damit die Tradition seines international angesehenen Unternehmens im guten überlieferten Sinne hochzuhalten.« (S. 198)

Da ein Antrag auf Lizenzerteilung nach Ende des Kriegs wegen der Mitgliedschaft von Heinrich Beck in der NSDAP seit 1937 wohl keinen Erfolg gehabt hätte, verpachtete er das Unternehmen an seinen Vetter Gustav End, der eine Lizenz erhielt und den Verlag seit dem 1. September 1946 unter dem Namen Biederstein weiterführte, bevor dann ab 1949 wieder unter Beck publiziert werden konnte. Unter dem Label Biederstein wurde bis 1995 Belletristik verlegt; juristisch besteht die Firma noch heute.

Das Stichwort für die jüngere Geschichte des Verlags ist »Expansion«, nimmt man allein die Überschriften der entsprechenden Kapitel: »Beck wird größter juristischer Verlag« (S. 233) – »Expansion des Juristischen« (S. 309) – »Die Expansion wird noch größer« (S. 471). Die Erweiterung der Geschäftsaktivitäten ist die Leistung des ersten Sohns von Heinrich Beck; Hans Dieter Beck übernahm 1970 den rechtswissenschaftlichen Verlag, sein Bruder Wolfgang Beck 1972 den kulturwissenschaftlichen Verlag.

Expansion im juristischen Bereich heißt Expansion der Produktion (vgl. S. 235) von Büchern (Gesetzestexte, Kommentare, Lehrbücher) und Zeitschriften (*Neue Juristische Wochenschrift*); Expansion ins Taschenbuch als Teilhaber des Deutschen Taschenbuchverlags und Träger der Reihe *Beck-Texte im dtv*; Expansion durch Verlags- und Programmzukäufe (Franz Vahlen Verlag 1970; Helbing & Lichtenhahn 1998; Nomos 1999; der Programmbereich Recht vom Verlag Wiley-VCH 2001; Kommunal und Schul-Verlag 2002/2004; Lehrbuchliteratur der Verlage Carl Heymanns und Luchterhand 2010); Expansion ins Ausland (Polen und Tschechoslowakei 1993, Rumänien 1998, Slowakei 2010); Expansion in ein englischsprachiges Programm als Kooperation mit dem englischen Verlag Hart Publishing; Expansion in das Seminar- und Tagungsgeschäft (seit 2001 als selbständige Abteilung, seit 2009 als Beck Akademie Seminare); Expansion ins Internet mit den Online-Kommentaren (derzeit 28) und der Datenbank *beck-online* mit heute fast 100 Modulen (2001).

Im Band enthalten sind 160 Schwarz-Weiß-Abbildungen, meist Porträts, Umschläge, Titelblätter, Gebäude und ein Personenverzeichnis. Die Literaturhinweise sind etwas unübersichtlich. Inhaltlich erschöpft sich vor allem die zweite Hälfte im Programmreferat; die ökonomische Perspektive bleibt völlig ausgeblendet, sieht man von einigen Statistiken zur Titelproduktion ab. Archiv- und Quellenstudien scheinen nicht erfolgt zu sein. Wesel ging an die anspruchsvolle Aufgabe offenkundig ohne methodisches Konzept heran. Letztlich liest sich der Band trocken und spröde.

Wesel, Uwe / Hans Dieter Beck sowie Mitarbeiter des Verlags C. H. Beck: 250 Jahre rechtswissenschaftlicher Verlag C. H. Beck 1763–2013. C. H. Beck: München 2013. 592 Seiten. ISBN 978-3-406-65634-7.
Die Rezension erschien zuerst in *Archiv für Geschichte des Buchwesens* 69, 2014, S. 267–269.

C. H. Beck Verlag
Der kulturwissenschaftliche Verlag

Stefan Rebenich beginnt seine über 850 Seiten umfassende Geschichte des kulturwissenschaftlichen Teils des Beck Verlags mit einem ambitionierten Programm. »Diese Darstellung setzt sich zum Ziel, die politischen, kulturellen, sozialen und ökonomischen Bedingungen der Verlagsgeschichte und der Programmentwicklung sowie die Wechselwirkungen zwischen Literatur, Gesellschaft, Politik und Wirtschaft an Beispielen aus der Geschichte des Verlags C. H. Beck nachgerade mikrohistorisch zu rekonstruieren. So wird der Verlag zu einem Modell, um in historischer Perspektive nach Formen, Strukturen und Inhalten, aber auch nach den Trägern kultureller Kommunikation zu fragen, die sich des Mediums Buch bedienen.« (S. 13) Dabei versucht er, »durch eine repräsentative Auswahl aus dem Programm die thematische Breite des Verlags adäquat abzubilden« (S. 17).

Rebenich holt weit aus und erzählt breit (manches Detail hätte durchaus der strengen Hand eines Lektors zum Opfer fallen dürfen), sprachlich geschliffen und sehr anschaulich. Rebenich verwebt die Geschichte der Becks mit der jeweiligen Zeitgeschichte – und der Geschichte der Buchbranche. Beeindruckend in dieser Hinsicht ist das Kapitel über den Verlagsgründer Carl Gottlob Beck, indem er beispielhaft »die wichtige Funktion des Verlegers und des Verlagswesens im Kulturgeschehen des Zeitalters der Aufklärung« (S. 57) darstellt. Vertieft wird das Panorama durch »mikrohistorische« Partien, etwa wenn er die erste Ausgabe der von Beck gegründeten *Wöchentlichen Nachrichten* vom 10. Januar 1766 und das kurzlebige Nachfolgeblatt, die politische Zeitung *Das Felleisen*, beschreibend analysiert und dabei das Spannungsverhältnis zwischen dem Verleger und dem angestellten Journalisten und Redakteur Wilhelm Ludwig Wekhrlin thematisiert.

In der ihm eigenen pastosen, farbenprächtigen Manier malt Rebenich mit stupender Gelehrsamkeit (über 2400 Anmerkungen!) das Bild der nachfolgenden Verleger (und der Verlegerin Katharina Magdalena Beck) und ihres zeitgenössischen Umfelds, basierend auf einem immensen Material, das er aufgearbeitet hat. Er legt dabei den Schwerpunkt auf die nicht-juristische Produktion: auf Erbauungsliteratur wie Wilhelm Löhes *Samenkörner des Gebets* (1840; 48. Auflage 1938), auf unterhaltsame Wochenschriften wie *Der Hausfreund* (1838–1841) oder auf den *Europäischen Geschichtskalender* von Heinrich Schultheß. Der *Schulteß* ist ein gutes Beispiel dafür, dass Rebenich nicht streng an der Zeitachse klebt, sondern hier einen diachronen Schnitt legt und die Entwicklung des Kalenders bis zu seiner Einstellung im Jahr 1942 darstellt. Für ihn ist der Kalender ein Exempel für »die willige Anpassung des Verlags an die Vorgaben der nationalsozialistischen Machthaber« (S. 198).

Mit der Übernahme der Verlagsgeschäfte durch Oskar Beck im Jahr 1884 beginnt der programmatische Ausbau des kulturwissenschaftlichen und kulturgeschichtlichen Verlagsteils. Beck versprach sich verlegerischen Erfolg von »der konsequenten populären Vermittlung wissenschaftlicher Inhalte und dem neuhumanistischen Bekenntnis zu der erzieherischen Funktion des klassischen Altertums und der Literatur der Weimarer Klassik« (S. 259). Ab hier verstärkt Rebenich seine exemplarische Betrachtungsweise einzelner Werke oder Autoren. Die Kapitel über das *Handbuch der klassischen Altertumswissenschaft* (1887–1931), Albert Bielschowskys Goethe-Biografie in zwei Bänden (1895 und 1903), über *Der Wanderer zwischen den Welten* von Walter Flex (1916), das Kultbuch der Kriegsbegeisterung und im Dritten Reich Pflichtlektüre in den Schulen, sowie über Oswald Spengler, der den Verlag nachgerade »spenglerisierte« (S. 296), Albert Schweitzer und Egon Friedell sind hervorragende Beispiele dafür. Aus der Zeit nach dem Zweiten Weltkrieg sind u. a. die Kapitel über Heimito von Doderer, Gordon A. Craig, Thomas Nipperdey und Hans-Ulrich Wehler anzuführen. Ergänzt werden diese Abschnitte jeweils durch Porträts der handelnden Verleger, ihre Biografie, ihre Geschäfts- und Programmpolitik und ihre Beziehungen zu den Autoren sowie durch ökonomische Daten.

Die Zeit des Nationalsozialismus und die unmittelbare Nachkriegszeit nehmen bei Rebenich deutlich weniger Raum ein als bei Wesel. Rund
zehn Prozent des Textteils befassen sich mit dieser Epoche. Zur Frage der
»Arisierung« und des angemessenen Kaufpreises für den Verlag Otto
Liebmann kommt Rebenich zu einer dezidiert anderen Ansicht als Wesel.
Die Tatsache, dass Heinrich Beck 1951 freiwillig 50.000 Mark an den Erben Karl Wilhelm Liebmann zahlte, wertet Rebenich »als eindeutiges
Eingeständnis [...], dass im Dezember 1933 der jüdische Eigentümer
keinen adäquaten Verkaufspreis erhalten hatte« (S. 374). Dabei bezieht er
sich auf das für die amerikanische Besatzungszone gültige Rückerstat-
tungsgesetz aus dem Jahr 1947, das »ausdrücklich vermerkt, dass von
einer Rückerstattung abzusehen war, wenn der jüdische Verkäufer einen
angemessenen Kaufpreis erhalten habe« (S. 375).

Bei der Untersuchung der Verlagspolitik im Dritten Reich (S. 381–417)
geht er methodisch so vor, dass er die Anzeigen analysiert, die der Verlag im *Börsenblatt für den Deutschen Buchhandel* schaltete, um daran abzu-
lesen, »wie der Verlag in der Öffentlichkeit wahrgenommen werden
wollte« (S. 383). Sein Fazit: »Im ›Dritten Reich‹ waren Verleger und Mitarbeiter bemüht, C. H. Beck als Verlag des ›neuen Deutschland‹ zu posi-
tionieren, wobei die ›Propaganda‹-Abteilung [= Werbeabteilung] das
kulturwissenschaftliche Programm, das nicht die uneingeschränkte Zustimmung der Nationalsozialisten fand, in anderer Diktion bewarb und
dabei Rücksicht auf die Rezeptionsästhetik der Machthaber nahm.«
(S. 396). Rebenichs Fazit ist eindeutig: »Im Rahmen der Selbstgleichschaltung der Buchhändler und Verleger in der Reichsschrifttumskammer
verhielt sich C. H. Beck wie zahlreiche andere Verlage, verhielt sich – um
nur diese herauszugreifen – wie Bertelsmann, Diederichs und Oldenbourg.«[2] (S. 408) Wie bei Bertelsmann führten auch bei Beck die Aktivitäten während der Kriegsjahre zu einer Gewinnexplosion; zwischen 1933
und 1943 stieg der Reingewinn um das Fünfunddreißigfache (S. 409 und
411).

---

[2] Siehe dazu die Rezensionen in diesem Band.

Die Zeit nach dem Zweiten Weltkrieg nimmt breiten Raum in der Darstellung Rebenichs ein; rund 40 Prozent des Textes befassen sich mit den Jahren nach 1945. Neben Autoren, die oben bereits genannt wurden, sind einzelne Kapitel dem Biederstein Verlag, den Altertumswissenschaften nach 1945 sowie zwei deutsch-deutschen Gemeinschaftsprojekten (der *Bibliothek des 18. Jahrhunderts* und der *Orientalischen Bibliothek*) gewidmet. Am interessantesten sind jedoch eindeutig die Abschnitte über die Verleger Heinrich, Hans Dieter und Wolfgang Beck. Neben persönlichen Porträts finden sich Zahlen zur Umsatz- und Gewinnentwicklung (S. 516 und 668). Die Firmenzukäufe werden mit Zahlen unterfüttert. Hier wird eindrücklich die ganze Spannbreite und Vielfalt des Programms deutlich, aber auch die inneren Strukturen des Verlags bis zu den Entscheidungsmechanismen und zur Rolle der Lektoren, Gutachter und Berater (S. 540f.; 549–564; 657–668). Und auch die »manifesten Unterschiede zwischen Hans Dieter und Wolfgang Beck« (S. 670) werden nicht verschwiegen.

Das abschließende Kapitel »Büchermachen nach 225 Jahren« gibt einen thematisch gegliederten Überblick über das Programm des kulturwissenschaftlichen Verlags im letzten Vierteljahrhundert. Hier gerät Rebenich allerdings in Gefahr, jenes »Beiwerk« (S. 18) zu liefern, das er in der Einleitung so vehement abgelehnt hat. Manches liest sich wie ein auserzählter Verlagskatalog. Eine Zusammenfassung der 250-jährigen Geschichte (S. 723–737) beschließt den Band.

Die Becksche Unternehmensgruppe besteht heute aus vier Teilen, den inländischen Verlagen, der Druckerei, den Buchhandlungen (Schweitzer Fachinformationen) und den Verlagen im Ausland. Die Nachfolgeregelungen für die sechste Generation (Hans Dieter Beck, geb. 1932 und Wolfgang Beck, geb. 1941) sind noch nicht definitiv getroffen. Eine siebte und achte Generation lässt die Fortführung als inhabergeführtes Familienunternehmen als möglich erscheinen.

Der Band enthält 60 Schwarz-Weiß-Abbildungen, meist Porträts, Umschläge, Titelblätter und Gebäude, ein Register der Personennamen, geografische Begriffe und ein fast 30seitiges Quellen- und Literaturverzeichnis. Rebenich hat beispielsweise das Tagebuch von Heinrich Beck intensiv ausgewertet, Verlagskorrespondenzen herangezogen und Interviews mit Mitarbeitern geführt. So kann er sein ambitioniertes Programm (Details zur Verlagsgeschichtsschreibung S. 14–17) weitgehend einlösen. Das Fazit: Der Band wirkt inspiriert, ausgreifen, packend, beispielsweise die plastische und einprägsame Schilderung von Johann Caspar Bluntschli (S. 153–167). Zur Lektüre sei als Grundlage für die Verlagsgeschichte[3] dieser Band von Rebenich empfohlen, da zum Beispiel im Kapitel über die Programmentwicklung unter Heinrich Beck (S. 522–536) auch der juristische Verlag seinen Platz findet.

Rebenich, Stefan: C. H. Beck 1763–2013. Der kulturwissenschaftliche Verlag und seine Geschichte. C. H. Beck: München 2013. 861 Seiten. ISBN 978-3-406-65400-8.
Die Rezension erschien zuerst in *Archiv für Geschichte des Buchwesens* 69, 2014, S. 269–271.

---

[3] Vgl. auch Die Welt im Buch. Kleine Chronik des Verlags C. H. Beck. 1763–2013. München 2013. Als PDF unter www.chbeck.de/_assets/pdf/verlagschronik/index.html.

Bertelsmann

C. Bertelsmann im Dritten Reich

Die Vorgeschichte ist bekannt: Nachdem der damalige Vorstandsvorsitzende der Bertelsmann AG, Thomas Middelhoff, bei der Entgegennahme eines Preises in den USA öffentlich die Firmenlegende gepflegt hatte, Bertelsmann sei im Dritten Reich ein Hort des Widerstands gewesen und deshalb 1944 geschlossen worden, und dafür heftig kritisiert worden war, setzte der Konzern die »Unabhängige Historische Kommission zur Erforschung des Hauses Bertelsmann« (UHK) ein, die von Saul Friedländer geleitet wurde und die den vorliegenden Band erarbeitete. Er gliedert sich in elf Kapitel, von denen drei den politischen, lokalen, regionalen und unternehmerischen Zusammenhängen gewidmet sind, zwei analysieren das theologische Verlagsprogramm, drei den belletristischen Verlagsteil und seine Produktion von den Unterhaltungsromanen über die Kriegserlebnisbücher bis zur Versorgung von Heimat und Front mit Lesestoff. Ein eigenes Kapitel untersucht antisemitische Inhalte der Veröffentlichungen. Die beiden letzten Kapitel befassen sich mit dem Ermittlungsverfahren gegen das Unternehmen und mit seiner Schließung sowie mit der Lizenzierung und dem Wiederbeginn nach 1945.

Für die vier großen thematischen Felder zeichnet jeweils eines der vier Kommissionsmitglieder verantwortlich – unterstützt von acht Mitautoren: Norbert Frei für die Zeit- und allgemeine Unternehmensgeschichte, Trutz Rendtorff für die Theologie, das religiös-praktische Schrifttum und Kirchenpolitik, Reinhard Wittmann für Verlagsgeschichte und Belletristik, Saul Friedländer für den Komplex Antisemitismus. Der Betrachtungszeitraum wurde auf die Jahre 1921–1951 ausgedehnt, da damit die gesamte Spanne der verlegerischen Verantwortung von Heinrich Mohn, des Firmenchefs in vierter Generation, abgedeckt ist.

Die wesentlichen Ergebnisse dieser 800-seitigen Studie können nur
gerafft wiedergegeben werden[4]. Die Verlagstradition des Hauses Bertelsmann beginnt unter Carl Bertelsmann (1791–1850), der 1835 Buchdruckerei und Verlag als Publikationsforum der neupietistischen Frömmig-
keitsbewegung in der ersten Hälfte des 19. Jahrhunderts gründete. Seit
der Jahrhundertmitte erweiterte Heinrich Bertelsmann (1827–1887) die
theologische Basis des Verlags erheblich. Sein Schwiegersohn, Johannes
Mohn (1856–1930), baute die Firma zum führenden missionswissen-
schaftlichen Verlag aus. 1921 übernahm Heinrich Mohn (1885–1955) die
Leitung des Unternehmens, dessen Jahresumsatz bei 700.000 Reichsmark
lag. In den ersten Jahren blieb es bei der erbaulich-religiösen Literatur
und der biblisch ausgerichteten Theologie. Hinzu kamen Bücher für Kinder und Jugendliche. Unter der Leitung Mohns wurden neue wissen-
schaftlich-theologische Buchreihen und Zeitschriften in das Programm
aufgenommen und traditionelle Schwerpunkte wie die Herausgabe von
Gesangbüchern ausgeweitet. Vor allem die Zeitschriften wurden zum
finanziellen Standbein des Verlags, während die wissenschaftliche Theologie bis 1938 kontinuierlich Verluste schrieb. Deshalb traf es den Verlag
besonders hart, als durch Verkauf wichtiger Zeitschriften oder deren
durch Papierknappheit erzwungene Einstellung (1941/42) das Standbein
des religionspädagogischen Programms wegbrach. Auch die lukrative
Produktion von Gesangbüchern musste 1941 eingestellt werden.

---

[4] Das Kapitel über den Antisemitismus im Verlagsprogramm (S. 297–336) springt aus der
Chronologie. Es umfasst für das theologische Segment vier Themenkomplexe: die Diskussion um die Judenmission, die Theologie der Schöpfungsordnung, die Debatte um den »Ari-
erparagrafen« und der Streit um die Bedeutung des Alten Testaments. Der Antisemitismus
in der Belletristik wird nach Literaturgenres analysiert. Die Sonderstellung dieses Kapitels
ist einerseits der Brisanz der übergreifenden Fragestellung des gesamten Unternehmens
geschuldet, dürfte aber auch als Tribut an den prominenten Kopf des Teams, Saul Friedländer, verstanden werden. Das Fazit hier lautet, dass für Heinrich Mohn »ökonomische Inte-
ressen ein Primat seines Handelns darstellten und dass er dafür auch zu ideologischer
Anpassung bereit war«; »die moralische Indifferenz gegenüber der Judenverfolgung [...]
erklärt sich zumindest zum Teil aus der antijüdischen Tradition des konservativen Protes-
tantismus« (S. 334).

Neue Stütze wurde die 1928 gestartete »politisch-ideologisch kontu-
rierte Belletristik« (S. 240) mit den ersten Erfolgsautoren Gustav Schröer
und Fritz Müller-Partenkirchen; später kamen Will Vesper und Hans
Grimm hinzu. Den ökonomischen Durchbruch brachten jedoch die
Kriegsbücher und -hefte (inhaltliche Details S. 246–290).

Mehr als alle Titelproduktionsstatistiken ist die Aufstellung der Herstellkosten aussagekräftig, da diese direkt proportional zur verkauften
Auflage sind. So stiegen die anteiligen Herstellkosten für Kriegsliteratur
zwischen 1935 und 1938 von 7,1 Prozent auf 64,7 Prozent, während in
diesen wenigen Jahren die entsprechenden Kosten für Theologica von
42,1 Prozent auf 7,3 Prozent sanken (S. 264f.). Die Umsatzsteigerungen
waren exorbitant. Zwischen 1935 und 1941, dem Jahr des Höchststands,
stieg der Umsatz von 1,2 Millionen auf über 8 Millionen Reichsmark,
versechsfachte sich also fast. Im ersten Kriegsjahr hatte er bereits deutlich
über 3 Millionen Reichsmark betragen (S. 413): »Von diesen Umsätzen
sind während des Krieges bis zu 92 Prozent dem belletristischen und
Kriegsbuchprogramm zuzurechnen.« (S. 412) Hauptumsatzträger waren
laut Herstellkostenstatistik neben den Kriegsbüchern und -heften die
Feldausgaben und Feldposthefte (S. 244), von denen der Verlag zwischen
1939 und 1944 mindestens 19 Millionen Exemplare unterschiedlichen
Formats und Inhalts produziert hat, was mindestens 25 Prozent aller
Wehrmachtsausgaben bedeutet. Bertelsmann lag hier noch vor dem par-
teieigenen Verlag Franz Eher Nachf. mit 14 Millionen Exemplaren.

Noch wesentlich beeindruckender ist die Gewinnentwicklung: »Schon
die Jahre 1936 bis 1939 waren für C. Bertelsmann überaus erfolgreich
verlaufen. Doch die Kriegsjahre bis 1942 brachten dem Unternehmen
geradezu eine Gewinnexplosion.« (S. 377) Verliefen bis 1939 die Kurven
von Herstellungskosten, Umsatz und Gewinn noch annähernd parallel,
so lagen im Boomjahr 1941 die Herstellungskosten bei einem auf das Jahr
1933 bezogenen Indexwert bei ca. 450 Punkten, der Umsatz bei etwa 1200
Punkten, während der Gewinn 3000 Punkte erreichte (S. 427) – anders
ausgedrückt: Die Gewinnmarge wurde um das Zweieinhalbfache gegenüber dem Umsatz gesteigert. In absoluten Zahlen heißt das, dass der
Umsatz 1941 siebenmal so hoch war wie der von 1933. Im gleichen Zeitraum verdreißigfachte sich der Gewinn (S. 426; vgl. auch die detaillierten

Angaben zur Kalkulation S. 429f.). Die Umsatzrendite lag damit bei 40 Prozent.

Der Verlag wurde am 26. August 1944 stillgelegt. Dabei haben die Ermittlungen gegen führende Mitarbeiter wegen umfangreicher und fortgesetzter Kriegswirtschaftsverbrechen wie ungenehmigte Papierkäufe und Druckaufträge (S. 486–490) eine wichtige Rolle gespielt:»Angesichts der schwerwiegenden Anklagen des Kriegsgerichts war die Stilllegung auch ohne politische Intrigen unausweichlich geworden.« (S. 505) Kurz vor Kriegsende wurde das Verfahren eingestellt. Doch es ist »wenig übriggeblieben von protestantischem Pflichtethos, strenger Rechtlichkeit und Wahrheitsliebe, auf die man sich stets so viel zugute gehalten hatte. Eine Widerstandshaltung von Verweigerung, Resistenz, zivilem Ungehorsam gegen das Regime allerdings oder auch nur der Anspruch, ›sauber durchgekommen zu sein‹, lässt sich aus Verfahren und Schließung sicherlich nicht ableiten.« (S. 512)

Unmittelbar nach Kriegsende setzte eine »geschönte Selbstwahrnehmung« ein, die bald einer »gezielten Selbststilisierung« wich bis hin zur »Unverfrorenheit, wie man sich hier bemühte, seine Geschäftspolitik im Dritten Reich als grundsätzlich widerständiges Verhalten zu interpretieren« (S. 519; Details S. 519–525). Das geschah gezielt gegenüber den britischen Besatzungsbehörden, und so erhielt das Unternehmen aufgrund seiner hohen Papiervorräte bereits im Sommer 1945 den Auftrag, für die gesamte englische Zone Schulbücher zu drucken. Die Lizenz für die Produktion von Büchern wurde Heinrich Mohn am 27. März 1946 mit der Auflage erteilt, dass unter seinen Mitarbeitern keine ehemaligen Mitglieder der NSDAP waren. Für diese fand Mohn in neu gegründeten Unternehmen eine kreative Lösung.

Um die Lizenz nicht zu gefährden, zog Mohn sich im April 1947 rückwirkend zum 1. Januar des Jahrs aus der Unternehmensleitung zurück; er hatte falsche oder mangelhafte Angaben zu seiner Mitgliedschaft in verschiedenen NS-Organisationen und zu entsprechenden finanziellen Zuwendungen gemacht (S. 557). Sein Sohn Reinhard Mohn übernahm formal die Verantwortung, stattete jedoch den Vater kurz darauf mit der Vollmacht aus, ihn »in allen Geschäften« des Verlags zu vertreten (S. 535).

Nach der Währungsreform 1949 litt auch Bertelsmann unter der »Bereinigungskrise«, die viele buchhändlerische Unternehmen nicht überlebten. Der Verlag besann sich »auf seine Erfahrungen mit Vertriebsmöglichkeiten außerhalb des herkömmlichen Buchhandels [...]. In enger Zusammenarbeit mit dem Reise- und Versandbuchhandel wurde am 1. Juni 1950 der ›Lesering Das Bertelsmann-Buch‹ gegründet, in dem auch zahlreiche Titel der früheren Erfolgsautoren wieder zu finden waren.« (S. 549)

Diese geschäftliche, betriebliche und inhaltliche Kontinuität (»Kontinuität im Mentalen«, S. 559) prägt auch das Schlussfazit des Bands: »Betrachtet man die Gütersloher Produktion im historischen Längsschnitt, so sticht ihre kontinuierliche Orientierung an einem potentiellen ›Massenmarkt‹ ins Auge: von erbaulichen Heften über die belletristische Gebrauchsliteratur und die Wehrmachtsunterhaltung bis zum Lesering der fünfziger Jahre. Bertelsmann hielt [...] eine besonders attraktive verlegerische Antwort auf den Markt und auf die Ideologie der ›Volksgemeinschaft‹ bereit, die als politisches Konzept in Deutschland bereits vor 1933 präsent und mental 1945 noch nicht zu Ende war.« (S. 562)

Der Anhang bietet auf mehr als 200 Seiten neben einem Stammbaum der Familie Bertelsmann/Mohn betriebswirtschaftliche Unternehmensdaten, 120 Seiten Anmerkungen, ein Abkürzungsverzeichnis, eine umfangreiche Bibliografie sowie ein Personen- und Werkregister. Dieser Anhang mit seinem Materialreichtum ist eine Fundgrube für weitergehende Fragestellungen.

Das Buch ist eine akribische, detailreiche und ertragsreiche Forschungsarbeit, ein durch und durch wissenschaftliches Buch bei hoher Lesbarkeit. Bei der Vielzahl der Autoren ist die Homogenität der Texte erstaunlich. Die Ausführungen zur lokalen, regionalen und allgemeinen Geschichte und Politik gehen weit über eine Unternehmensgeschichte hinaus. Auch sind Detailerörterungen bis hin zu kleinen monografischen Textblöcken (S. 197–208) einmontiert. Allerdings: Bei diesem enormen von Bertelsmann finanzierten Personal- und Materialeinsatz muss man das erwarten dürfen; alles andere wäre eine Enttäuschung gewesen.

Bei der gewählten Anlage des Bandes lassen sich Doppelungen (etwa über die »Lutherrenaissance«) nicht vermeiden. Manchen zeitlichen

Sprung hätte man umgehen können. So setzen sich die Ausführungen über die Belletristik (bis S. 171) erst auf S. 241 fort. Auch stört in manchen Passagen die kleinteilige Wiedergabe von Inhalten, die nicht unbedingt zur Erhellung des Gesamtzusammenhangs nötig sind. Insgesamt ist dieser voluminöse Band ein schöner Beleg dafür, dass solche Auftragsarbeiten nicht unter Restriktionen leiden müssen, weil ihre Verfasser »wie Hofhunde an der langen Leine« liegen (Estermann 2007, S. 217).

Friedländer, Saul, u. a.: Bertelsmann im Dritten Reich. C. Bertelsmann: München 2002. 794 Seiten. ISBN 978-3-570-00711-2.
Die Rezension erschien zuerst in *Archiv für Geschichte des Buchwesens* 68, 2013, S. 228–230.

Deutscher Taschenbuch Verlag
Kanon und Verlag

Elisabeth Kampmann untersucht in ihrer Siegener Dissertation die Programmpolitik des Deutschen Taschenbuchverlags unter kanonwissenschaftlichem Blickpunkt. Sie versucht damit, zwei Fragestellungen miteinander zu verknüpfen, nämlich die in der Literaturwissenschaft in den letzten Jahrzehnten geleistete Kanontheorie und -forschung mit der Verlagsgeschichtsschreibung. Von den beiden sehr unterschiedlichen Perspektiven bleiben die breiten kanontheoretischen Erörterungen[5] hier unbeachtet; es interessieren nur die verlagsgeschichtlichen Ausführungen. Im engeren Sinn fallen sie recht knapp aus; bezeichnenderweise ist der entsprechende Abschnitt mit »Skizze der Gründungsgeschichte des dtv« (S. 118–121) überschrieben.

Der Verlag wurde 1961 als Zusammenschluss von elf Verlagen gegründet, die keine eigene Taschenbuchproduktion zur Verwertung ihrer Hardcover-Rechte hatten. Zwölfter und geschäftsführender Gesellschafter war Heinz Friedrich, der von 1956 bis 1959 Cheflektor der Fischer-Bücherei und danach Chefredakteur von Radio Bremen war. Zunächst hatten alle Beteiligten gleiche Anteile und gleiche Rechte. Die Gesellschafterstrukturen blieben bis in die 1970er Jahre hinein stabil. Danach gründeten einige Verlage eigene Taschenbuchreihen und schieden aus (Piper und Insel) oder verblieben als Gesellschafter, jedoch mit besonderen Auflagen für die Taschenbuchproduktion (Kiepenheuer & Witsch).

---

[5] Kritisch dazu Volker Neuhaus: Das Taschenbuch als Literaturvermittler. Was die Geschichte des Deutschen Taschenbuch-Verlags mit dem Kanon zu tun hat. In: www.uibk.ac.at/literaturkritik/rezensionen/978409.html.

Die Entwicklung am Lizenzmarkt führte zu einer Verknappung der Lizenzen, die für den dtv aus den Gesellschafterprogrammen zur Verfügung standen. Der Verlag war daher gezwungen, zunehmend Lizenzen bei Nicht-Gesellschafterverlagen einzukaufen sowie durch zahlreiche langfristige Kooperationen und Originalausgaben sowie durch deutsche Erstausgaben den Rechtenachschub zu sichern. In den späten 1990-er Jahren wurden erstmals Paperbacks mit Klappenbroschur auf den Markt gebracht. Mit diesem Buchtyp umging man das im Gesellschaftervertrag fixierte Verbot, Bücher mit festem Umschlag zu publizieren. Seit 2008 verlegt der dtv auch Hardcover von Titeln, die zuvor aber als dtv-Originalausgaben im Taschenbuch erschienen sein müssen. Programmatisch leitend waren der qualitative Anspruch sowohl in inhaltlicher wie editorischer Hinsicht und der Pluralismus des Programms.

In dem Kapitel »Wie das Programm entsteht« (S. 139–193) beschreibt Kampmann »aus publikationsrechtlichen Gründen« ältere Programmentscheidungen vorrangig im Bereich des deutschsprachigen literarischen Programms, also nicht Entscheidungen und Entscheidungsstrukturen in dem sehr viel umfangreicheren Gesamtprogramm des Verlags. Besonders beleuchtet wird hier die Rolle Heinz Friedrichs und seine »literarästhetische Sozialisation« (S. 163).

Auch verlagsgeschichtlich aufschlussreich sind die Ausführungen aus kanontheoretischer Perspektive zu einzelnen Projekten und Reihen, so zu den Gesamtausgaben (S. 220–224), den Klassikerreihen (S. 224–227), der *Bibliothek der Erstausgaben* (S. 227–252), den Anthologien und Literaturgeschichten (S. 258–266), der *Sonderreihe* (S. 293–309) und der *Neuen Reihe* (S. 309–313). Ein eigenes Kapitel innerhalb dieses Bezugsrahmens gilt Heinrich Böll, dem wichtigsten ›Aushängeschild‹ des Verlags (S. 337–365).

Die Arbeit beruht auf intensiven Quellenstudien und Interviews mit leitenden Verlagsmitarbeitern. Bei der Wiedergabe der Interviews hätte man sich eine zusammenfassende Darstellung der Fakten gewünscht. Das ausführliche Zitieren überdeckt durch alltagssprachliche Breite oft den Kern der Aussagen; auch fehlt jede quellenkritische Betrachtung.

Eine kleine Korrektur ist anzubringen: Der Heyne-Verlag war im Unterschied zu den genannten Verlagen (S. 118) im Sinn der Eigenverwertung der verlagseigenen Rechte im Taschenbuch nicht an einen Hard-coververlag angeschlossen, auch wenn der Verlag als sehr kleiner Verlag bestand, als 1958 die Taschenbuchproduktion begann. In dieser Hinsicht war Heyne ein Taschenbuchverlag, der wie der dtv die Produktion mit Lizenzausgaben zu bestreiten hatte. Im Unterschied zu dtv konnte Heyne jedoch nicht auf Gesellschafterlizenzen aufbauen, sondern musste die Taschenbuchrechte am Lizenzmarkt einkaufen.

Kampmann, Elisabeth: Kanon und Verlag. Zur Kanonisierungspraxis des Deutschen Ta-schenbuch Verlags. Akademie Verlag: Berlin 2011 (Deutsche Literatur. Studien und Quel-len, Band 5). 497 Seiten. ISBN 978-3-050-05191-8.
Die Rezension erschien zuerst in *Archiv für Geschichte des Buchwesens* 68, 2013, S. 230–231.

Diederichs Verlag
Verlagsgeschichte als Bibliografie

Kann man eine Bibliografie rezensieren? Genügt nicht ein Hinweis darauf? Diese umfassende, detaillierte und vollständige Bibliografie der zwischen 1896 und 1931 publizierten Werke beweist, dass eine Bibliografie weit mehr sein kann als eine eher dröge Lektüre, nämlich ein Porträt eines Verlags durch seine Produktion und deren zeitgeschichtlicher Prägung.

Eugen Diederichs (1867–1930) war neben Samuel Fischer, Anton Kippenberg, Ernst Rowohlt und Kurt Wolff einer der großen Kulturverleger zu Beginn des 20. Jahrhunderts; sein verlegerisches Wirken ist umfangreich erforscht.[6] Er gründete den Verlag 1896 in Florenz, jedoch trugen bereits die ersten Titel als Druckort den Vermerk »Florenz und Leipzig«. 1904 übersiedelte der Verlag nach Jena, wo er bis 1945 existierte. Den Söhnen Niels und Peter Diederichs wurde zunächst sowohl von der russischen Besatzungsmacht als auch von den Westalliierten eine Lizenz verweigert. Erst 1949 konnte der Verlag in Düsseldorf (mit einer Zweigniederlassung ab 1952 in Köln) neu gegründet werden. Der Verlag war

---

[6] Die wichtigsten Werke sind Viehöfer, Erich: Der Verleger als Organisator. Eugen Diederichs und die bürgerlichen Reformbewegungen der Jahrhundertwende. Frankfurt 1988. – Heidler, Irmgard: Der Verleger Eugen Diederichs und seine Welt (1896–1930) (Mainzer Studien zur Buchwissenschaft 8). Wiesbaden 1998. – Hübinger, Gangolf: Versammlungsort moderner Geister. Der Eugen Diederichs Verlag. Aufbruch ins Jahrhundert der Extreme. München 1996. – Triebel, Florian: Kultur und Kalkül. Der Eugen-Diederichs-Verlag 1930–1949 (Schriftenreihe zur Zeitschrift für Unternehmensgeschichte 13). München 2004.

von 1987 bis 2009 ein Imprint des Heinrich Hugendubel Verlags und gehört seither zur Verlagsgruppe Random House.[7]

Die Bibliografie ist nach Produktionsjahren gegliedert. Jedes Jahr wird durch einen kurzen verlagsgeschichtlichen Text eingeleitet; diese ergeben zusammenfassend einen Überblick über die Verlagsgeschichte bis kurz nach dem Tod des Gründers. Diese zeitliche Beschränkung wird damit begründet, dass »der Eugen Diederichs Verlag eins mit seinem Verleger« (S. 9) war.[8]

Die bibliografischen Einträge basieren auf strikter Autopsie und umfassen neben den üblichen Angaben wie Autor, Titel, Umfang und Format auch die Buchgestalter und die Einbandart sowie Angaben zu Erst- und Nachauflagen, zu Neuausgaben, Vorzugs- und Liebhaberausgaben und zum Ladenpreis. Angefügt ist unter dem Stichwort »Zur Buchkunst« jeweils ein bibliografischer Hinweis auf entsprechende Forschungsliteratur.

Ein gesondertes Kapitel beschreibt die Buchserien, Periodika und Werkausgaben (S. 315–359), deren Einzelbände im jeweiligen Erscheinungsjahr aufgeführt sind. Auch eine Chronologie der abgebildeten Löwen-Verlagssignets, »eine 36-köpfige Löwenmenagerie« (S. 13), fehlt nicht (S. 362–364).

Aufgeschlossen werden die bibliografischen Einträge durch Register zu Autoren, Herausgebern und Übersetzern (S. 367–401) sowie zu Buchgestaltern, Illustratoren und Schriftkünstlern (S. 402–415).

Der Bedeutung der Buchkunst für Eugen Diederichs trägt der Autor des Werks, Enkel des Gründers und zwischen 1973 und 1987 selbst Diederichs-Verleger, dadurch Rechnung, dass fast 270 Abbildungen von Einbänden, Innentiteln, Ornamenten und Zeichnungen, aber auch von

---

[7] Auf der Verlagshomepage werden die Jahre 1988 und 2008 genannt (www.randomhouse.de/diederichs/verlag.jsp?men=1559&pub=52000. 10.12.2014).

[8] Die Verlagsproduktion der Jahre 1930 bis 1945 ist bibliografisch bei Triebel: Kultur und Kalkül (siehe Anm. 2) verzeichnet.

Prospekten, Anzeigen und – natürlich – der Verlags-Löwen die Bibliografie (leider nur in Schwarz-Weiß) illustrieren.

Das schön ausgestattete Werk ist nicht nur eine Fundgrube für alle an bibliophilen Fragestellungen sowie den Beziehungen zwischen Verleger und Buchkünstlern Interessierten, sie liefert vielmehr reiches Basismaterial für buchwirtschaftliche Forschungen. Wenigstens drei Themenfelder bieten sich. Die Angaben zu den Druckereien ermöglichen zum einen die Rekonstruktion des herstellerischen Netzwerks des Verlags. Ferner erweitern die Angabe der Ladenpreise das Korpus zu entsprechenden Studien über das erste Drittel des letzten Jahrhunderts. Und schließlich lassen sich durch die detaillierte Auflistung der Auflagen Erfolgs- oder Misserfolgsgeschichten einzelner Titel oder ganzer Verlagssegmente nachzeichnen. Schon eine Zählung, wie viele Titel überhaupt eine zweite Auflage erreicht haben, wäre aufschlussreich. Die Startauflagen lagen in der Regel zwischen 2000 und 4000 Exemplaren. Überraschend auch, dass von den *Kinder- und Hausmärchen* der Brüder Grimm in der Sammlung *Die Märchen der Weltliteratur* (40 Bände zwischen 1912 und 1940) bis zum Tod des Verlagsgründers gerade einmal 23.000 Exemplare in vier Auflagen verkauft waren (S. 150). Von *I Ging. Das Buch der Wandlungen*, dem heute noch in der ersten Übersetzung von Richard Wilhelm bei Diederichs lieferbaren rund 5000 Jahre alten chinesischen Klassiker, waren 1930 noch Exemplare der ersten Auflage, die 3.000 Exemplare betrug, lieferbar.

Diese Gesamtbibliografie des Verlags in der Ära des Gründers ist ein singuläres Werk, das auf jahrelanger intensiver Recherche beruht.

Diederichs, Ulf: Eugen Diederichs und sein Verlag. Bibliographie und Buchgeschichte 1896 bis 1931. Wallstein: Göttingen 2014. 415 Seiten. ISBN: 978-3-835-31463-4.
Die Rezension erschien zuerst auf *IASL online*, 13.03. 2015.

Gmeiner Verlag
Eine illustrierte Chronik

Zwar wird das Buch im Untertitel »Chronik« genannt, doch handelt es sich hier um eine erzählerische Darstellung der Verlagsgeschichte, die grundsätzlich chronologisch verläuft, aber auch viele Vor- und Rückgriffe enthält. Der Band ist edel aufgemacht: vierfarbig gedruckt, in schwarzem Leinen mit Tiefprägung und Schild gebunden, Leseband, mit einem aufwändigen Schutzumschlag, der sich als Plakat entfalten lässt.

Armin Gmeiner, der den Verlag 1986 gegründet hat, startete mit einigen Esperanto-Titeln mit christlicher Thematik. Es folgten kunstwissenschaftliche Publikationen, belletristische Bücher mit Bezug zur Stadt Meßkirch (dem Geburtsort des Verlegers und Verlagssitz), Heideggeriana und Titel zum historischen Meßkirch und seiner Umgebung. Diese Meßkirch-Bücher machen etwa ein Zehntel der rund 400 Titel umfassenden Gesamtproduktion in der 25-jährigen Geschichte des Verlags aus. Mit der Publikation des ersten »Schwabenkrimis« im Jahr 1998 wurde eine deutliche Wendung in der Programmpolitik vollzogen – mit großem wirtschaftlichem Erfolg. Die zunächst schwäbischen Krimis wurden durch Titel des Genres erweitert, die Krimihandlung und Lokalkolorit anderer Regionen verbanden. Heute umfasst dieses Programmsegment rund ein Viertel der Gesamtproduktion.

Wohl der Erfolg der Regionalkrimis und das damit einhergehende starke Wachstum des Verlags veranlassten Armin Gmeiner zu einer gesellschaftsrechtlichen Veränderung. Der Verlag wurde 2002 als GmbH neu gegründet. Der Erfolg verführte den Verleger aber auch zu einer starken thematischen Programmausweitung. Im Jahr der Neugründung wurde die Produktpalette in die Segmente Krimi, Historie, Panorama, Fachbuch, Kunst/Design und Culinaria gegliedert. Neben den traditionellen Segmenten Krimi und Historie konnten sich offenkundig nur

Panorama und Fachbuch bei Handel und Publikum durchsetzen, während Kunst/Design und Culinaria »Bücher für Liebhaber« (S. 92) blieben – ein Euphemismus für Flops. Die enge Kooperation seit 2003 mit dem Syndikat, einer Vereinigung von mehr als 650 Krimiautoren aus Deutschland, Österreich und der Schweiz, erbrachte einen beträchtlichen Zuwachs an Autorenkontakten und Publikationen, darunter das Jahrbuch der Autorengruppe. Das Wachstum des Verlags machte eine zunehmende Professionalisierung und interne Strukturierung erforderlich, aber auch eine deutliche Erhöhung der Mitarbeiterzahl in den Jahren 2010 und 2011 (S. 65; 108f.; 168).

Die Stationen der Verlagsgeschichte werden von der Autorin Ricarda Dück teils in epischer Breite (bezogen auf den Gesamtumfang des Buchs), teils eher skizzenhaft präsentiert. Zum Teil erschöpft sich die Darstellung in recht schlichten Inhaltsangaben der verlegten Bücher. Der geschichtliche Abriss wird durch verschiedene Elemente ergänzt, die im Layout deutlich unterschieden sind. Kurze Beiträge von Autoren, Vertretern, Verlegerkollegen und Buchhändlern, aber auch von Honoratioren der Stadt Meßkirch sowie Infotexte zu Esperanto, dem Börsenverein des Deutschen Buchhandels etc. erscheinen entweder eingerückt in gleicher Schriftgröße oder zweispaltig in kleinerem Grad. Im zweispaltigen Satz erscheinen auch Stücke wie »Machenschaften einer Lektorin« (S. 54), »Programmplanung mit System« (S. 117), »Der Weg vom Manuskript zum Buch« (S. 136) oder »Zwiegespräch zwischen Lektorin und Grafiker« (S. 137). In der Randspalte werden, farblich abgehoben, Presse- und Leserstimmen zitiert. Dort sind auch die für den Verlag reisenden Vertreter genannt (S. 172f.). Das Buch enthält insgesamt rund 500 vierfarbige Abbildungen, überwiegend (zum Teil sehr kleine) Buchcover. Auch viele Fotos mit den handelnden Personen finden sich; leider fehlen aber sehr oft informierende Bildunterschriften. Die Vielzahl der Elemente ist optisch und auch für den inhaltlichen Nachvollzug verwirrend, da die verschiedenen Textsorten nicht einheitlich gestaltet sind. Es entsteht der – vielleicht durchaus gewollte Eindruck – eines überdimensionalen Werbeprospekts.

Angenehm ist die Zurückhaltung des erfolgreichen Verlegers Armin Gmeiner in der Festschrift seines eigenen Verlags. Leider fehlen ökono-

mische Informationen und vor allem eine Bibliografie des durchaus noch
überschaubaren Gesamtprogramms des Verlags seit seiner Gründung.

Dück, Ricarda: 25 Jahre Gmeiner Verlag. Eine illustrierte Chronik. Gmeiner: Meßkirch 2011.
176 Seiten. ISBN 978-3-839-28392-9.
Die Rezension erschien zuerst in *Archiv für Geschichte des Buchwesens* 68, 2013, S. 220f..

Kiepenheuer & Witsch
Die Anfänge eines Erfolgsverlags

Die Anfänge von Kiepenheuer & Witsch von Birgit Boge ist die überarbeite Fassung ihrer Habilitationsschrift (Aachen 2002). Ziel ist es, in der Person des Verlegers Joseph Caspar Witsch »exemplarisch verlegerisches Wirken in der Etablierungsphase eines Unternehmens« darzustellen und »verlegerische, der Erfolgssicherung dienende strategische Schritte und Lenkungsversuche« zu thematisieren (S. 5).

In ihrer voluminösen Studie, die auf dem umfangreichen Verlagsarchiv von Kiepenheuer & Witsch im Historischen Archiv der Stadt Köln basiert, beschreibt sie zunächst die Gründungsgeschichte des Verlags im kulturellen Umbruch nach dem Zweiten Weltkrieg. Sie setzt dabei die zeitlichen Eckpunkte mit der Gründung des Verlags Gustav Kiepenheuer GmbH Hagen am 27. November 1948 und mit dem Jahr 1959 an. 1959 sei ein Einschnitt in der Verlagsgeschichte, weil die Etablierungsphase nicht zuletzt durch die Krankheit von Witsch, aber auch durch die Erweiterung des Programms (*Neue wissenschaftliche Bibliothek*) durch den als Lektor angestellten Dieter Wellershoff abgeschlossen sei. Literaturgeschichtlich konstatiert sie mit dem literarischen Neuansatz von Heinrich Böll mit *Billard um halbzehn* sowie mit dem Erscheinen von Günter Grass' *Blechtrommel* und Uwe Johnsons *Mutmaßungen über Jakob* eine »Epochenzäsur« (S. 12).

Joseph Caspar Witsch (1906–1967) war nach dem Zweiten Weltkrieg Leiter der Thüringischen Landesstelle für Buch- und Bibliothekswesen, floh aber 1948 in den Westen. Dort gründete er zusammen mit dem in Weimar ansässigen Verleger Gustav Kiepenheuer den Verlag. Dieser starb am 6. April 1949, kurz vor der geplanten Übersiedelung in den Westen.

Im Untersuchungszeitraum ist das belletristische Programm des Verlags zunächst durch fünf Programmstränge geprägt. Erstens verlegt Witsch wie etliche andere deutsche Verlage deutsche Klassiker in Werk- (Büchner 1951, Heine 1955, Schiller 1959) und Einzelausgaben (Fontane 1954, Keller 1955), eine insgesamt schmale Palette, mit der er »nur das absolute Minimum bei der Abdeckung des deutschsprachigen klassischen Kanons« (S. 64) erfüllte.

Zum zweiten glaubte Witsch, dass die Neuauflage von ehemals arrivierten Autoren einen risikolosen Absatz garantiere. Unterschiedslos publizierte er Autoren der Inneren Emigration und Schriftsteller, die in das Exil gegangen waren, in Einzelwerken (Wilhelm Speyer, Annette Kolb, Frank Thiess, Ruth Hoffmann, Christa Winsloe, Adrienne Thomas, Hermann Kesten), in Werkausgaben (Joseph Roth in drei Bänden, René Schickele in drei Bänden, Erich Kästner in sieben Bänden) sowie die Gesamtausgabe von Ricarda Huch in elf Bänden, die wegen Finanzierungsproblemen erst 1966 zu erscheinen begann und 1974, nach dem Tod Witschs, abgeschlossen wurde. Der erhoffte ökonomische Erfolg in diesem Programmsegment blieb weitgehend aus.

Daher verlegte Witsch sich drittens auf »gehobene Unterhaltungsliteratur« (S. 88). In drei kurzen Fallstudien (Vicki Baum, Annemarie Selinko und Kelvin Lindemann) zeigt Boge das »glatte Geschäft« mit Baum und Selinko, das es Witsch erlaubte, »literarisch anspruchsvolle und damit verlegerisch oft problematische und schlecht absetzbare Werke zu verlegen« (S. 92). Lindemann hingegen blieb ein Zuschussgeschäft.

Während Boge dieses Segment des Programms intensiv und detailreich, manchmal zu detailreich, beschreibt, bleiben die Ausführungen über »die junge Autorengeneration« (S. 111–126) eigenartig diffus. Das gilt letztlich auch für den Abschnitt über Gerhard Zwerenz. Wie in allen anderen hier geschilderten Fällen gelang es Witsch auch bei der Autorin Kay Cicellis nicht, sie erfolgreich zu etablieren, sodass sich die finanziellen Risiken, die Witsch einging, nicht auszahlten.

Die Beschreibung des fünften Programmsegments, »des internationalen Buchangebots« (S. 126–148), bietet leider nur »Streiflichter« (S. 126) zu Autoren wie u. a. William Faulkner, Henry James, Guy de Maupassant, Julien Green oder zu skandinavischer und slawischer Literatur. Verleger und Verlag öffnen sich damit der zeitgenössischen Literatur, doch wird eine literarische Kontur nur schwer erkennbar: Die Ikone des Nouveau Roman‹, Nathalie Sarraute, steht neben Jean Giono, der mit dem Nationalsozialismus kollaborierte.

Die folgenden Großkapitel über Heinrich Böll, Erich Maria Remarque, Herbert A. und Elisabeth Frenzel sowie Witschs Verhältnis zur Literaturkritik richten das besondere Augenmerk »auf das verlegerische Wirken mit lenkender Absicht« (S. 8).

Auf ziemlich genau einhundert Seiten wird die »Akquisition, verlegerische Betreuung, distributorische Vermarktung und erfolgreiche Etablierung« (S. 149) des jungen Autors Heinrich Böll in extenso beschrieben. Böll, der 1951 den Preis der Gruppe 47 erhalten hatte, kam 1952 auf Empfehlung von Alfred Andersch in den Verlag, nachdem er bereits drei Bücher bei dem 1951 stillgelegten Middelhauve-Verlag veröffentlicht hatte. Er blieb dort bis zu seinem Tod. Witsch vereinbarte eine monatliche Honorarzahlung mit dem Autor, der 1953 mit *Und sagte kein einziges Wort* sein erstes Werk bei Kiepenheuer & Witsch vorlegte. Der Roman wurde national wie international ein Erfolg: »Die Tatsache, dass sich Böll erst mit dem von Witsch verlegten Roman *Und sagte kein einziges Wort* endgültig auf dem Literaturmarkt durchsetzen konnte, belegt zugleich, welchen entscheidenden Einfluss der Verleger als Vermittlungsfaktor auf den Erfolg oder Misserfolg literarischer Werke haben kann.« (S. 167)

Am Beispiel der auf diesen Roman folgenden Werke Bölls analysiert Boge die Durchsetzungsstrategien des Verlegers. Um ein in seinen Augen optimales literarisches Werk zu erhalten, versuchte Witsch, den Autor von ablenkenden Nebentätigkeiten abzubringen sowie den Autor im Produktionsprozess zu beeinflussen (bis hin zum Versuch, Böll zum Verfassen eines Dramas zu drängen). Ob es adäquat ist, von »Manipulation« (S. 179) zu sprechen, sei dahingestellt. Witsch schaltete sich zudem massiv in die Pressearbeit ein, um bestimmte Rezensenten zu motivieren oder negative Rezensionen zu verhindern. Auch polemisierte er bei in seinen Augen unangemessenen Besprechungen gegenüber deren Verfasser oder gegenüber Dritten. Schließlich versuchte Witsch, dem bis dahin kaum ausgezeichneten Autor, einen renommierten Literaturpreis zukommen zu lassen – bis 1959 ohne Erfolg.

Ein »Exempel informeller Verlagszensur« (S. 257) meint Birgit Boge an dem Umgang des Verlags mit dem Manuskript von Erich Maria Remarques zweitem Roman bei Kiepenheuer & Witsch, *Zeit zu leben und Zeit zu sterben*, festmachen zu können. Verlagsintern war man sich wohl einig, dass das Buch in dieser Form nicht veröffentlicht werden sollte, und erarbeitete Formulierungsvarianten, die der Autor vermutlich aus finanziellen Gründen mit »schweigendem Disgust« (Remarque; zit. nach S. 264) schlussendlich akzeptierte. »Ganz im Geiste des Kalten Krieges« (S. 263) und in einer »Mischung aus Opportunismus und verlegerischem Gewinninteresse« (S. 264) wurde zum Beispiel die positive Zeichnung eines Kommunisten zurückgenommen und dieser in einen Sozialdemokraten verwandelt. Boge zieht daraus das Fazit: »Die Vorgänge belegen, dass auch belletristische Literatur nicht von verlegerischen Überwachungsmaßnahmen hinsichtlich der politisch-ideologischen Zielrichtung verschont bleibt« (S. 262f.), und spricht von einem »Zensureingriff« (S. 265). Erstaunlich ist, dass in einer Arbeit, die bei einem Wissenschaftler entstanden ist, der ein maßgebliches Buch über die Geschichte der Zensur vorgelegt hat[9], von einem so diffusen und unreflektierten Zensurbegriff ausgegangen wird, zumal die Autorin an anderen Stellen literaturwissenschaftliche Sachverhalte bis ins Detail darlegt. Das Fazit zur Auseinandersetzung um den Remarque-Roman ist reichlich plakativ und setzt eigenartige Wertungsmaßstäbe: »Damit legt er [Witsch] als dirigistisch auftretender Verleger eine restaurative und nicht innovative Haltung an den Tag.« (S. 272)

In ermüdender Ausführlichkeit und ohne Bezug zum Kernthema der Steuerungsmechanismen des Verlegers beschreibt Boge die Vorgeschichte von Herbert A. und Elisabeth Frenzels *Daten deutscher Dichtung* sowie die berufliche Tätigkeit des Verfasserehepaars nach der Entnazifizierung (S. 275–309; 318–325). An keiner Stelle der umfangreichen Auslassungen wird der in der Überschrift des Kapitels erhobene Vorwurf substantiiert: »Lesertäuschung über politisch vorbelastete Autoren« (S. 275). Der mit-

---

[9] Breuer, Dieter: Geschichte der literarischen Zensur in Deutschland. Heidelberg 1982.

schwingende Vorwurf, dass Witsch die Öffentlichkeit nicht explizit darauf hinwies, dass seine Autoren eine nationalsozialistische Vergangenheit hatten, träfe wohl noch so manchen Verleger der Nachkriegszeit. Der wahre politische Skandal liegt darin, dass Elisabeth Frenzel 1997 das Bundesverdienstkreuz verliehen wurde.

Das Verhältnis von Witsch zur professionellen Literaturkritik war gespalten. Einerseits wuchs seine Geringschätzung im Lauf der Zeit, andererseits versuchte er, vor allem durch Briefe Einfluss auf die wichtigen Redaktionen, Redakteure und Rezensenten zu nehmen: »Immer wieder hat er Besprechungen durch bestimmte Rezensenten aktiv initiiert, unverblümt wohlwollende Beurteilungen angefordert, Rezensionen in ein andere Richtung zu lenken oder etwaiger negativer Kritik vorzubeugen versucht, von der Kritik Betroffene zum Widerspruch angeregt oder den Rezensenten oft heftigst widersprochen und deren Urteilsbildung getadelt.« (S. 329f.) Mit diesem Arsenal von Interventionen wollte Witsch »auf elementare Weise eine Manipulation feuilletonistischer Berichterstattung zur Erfolgssicherung seiner Produkte« (S. 329) erreichen. Das gelang ihm jedoch weder in seiner Auseinandersetzung mit dem »Literaturpapst« der Zeit, Friedrich Sieburg, um Selinkos *Désirée* noch in dem publizistischen Scharmützel mit *Bücherei und Bildung*, dem Presseorgan der deutschen Volksbüchereien. Dort hatte eine unbekannte Rezensentin es gewagt, das 1951 von Witsch verlegte *Bildnis einer Dame* von Henry James zu kritisieren. Am Ende druckte die Zeitschrift nicht einmal die ursprünglich zugesagte Gegenrezension.

Eine Ausgliederung des Großkapitels »Der Verleger als homo politicus« (S. 353–441) in eine selbständige Schrift hätte der Untersuchung gut getan. Hier wird nämlich kaum noch über den Verlag Kiepenheuer & Witsch berichtet, sondern fast ausschließlich über das persönliche politische Wirken von Witsch. Dieser sei »in vorderster Reihe am ideologischen Kampf in der Hochphase des Kalten Krieges zwischen West und Ost« (S. 441) beteiligt gewesen. Witschs politisches Engagement schlug sich zwar auch in Verlagsarbeit nieder (Verlag der Roten Weißbücher, Verlag für Politik und Wirtschaft), war aber später firmenrechtlich vom Verlag getrennt. Witsch verlegte in diesen Kleinverlagen durch politische Institutionen weitgehend finanzierte Auftragsproduktionen.

In dem Schlusskapitel »Die Erfolgsstrategien des Joseph Caspar Witsch« (S. 443–447) resümiert die Autorin ihre Studie auf kluge Weise. Birgit Boges überarbeitete, im literaturwissenschaftlichen Kontext entstandene Habilitationsschrift, die – ohne Abbildungen – als großformatiges Buch in klassischem Satzspiegel und gut lesbarem Schriftbild als laminierter gebundener Pappband daherkommt, beeindruckt durch eine intensive Detailarbeit, wovon nicht zuletzt die 2347 Fußnoten, das Verzeichnis der Produktion von 1948 bis 1959, das fast dreißigseitige Quellen- und Literaturverzeichnis sowie das zwanzigseitige Namenregister zeugen. Sie krankt eindeutig daran, dass sie in vielen Passagen zu weitschweifig ist. So hemmen ausgedehnte literaturwissenschaftliche Passagen (über Bölls *Billard um halbzehn*, S. 193–199; über den literarhistorischen Kontext und Bölls Nebentätigkeiten als Lektor, Übersetzer und Rezensent, S. 200–214; über Remarque, S. 247–251) den Lesefluss und binden Aufmerksamkeit an falscher Stelle.

Unter dem Gesichtspunk der Verlagsgeschichtsschreibung muss man bedauern, dass so gut wie nichts zur Wirtschaftsgeschichte gesagt wird. Zwar werden die Anteilseigner, darunter Hans Gerling, der Gründer des gleichnamigen Versicherungskonzerns, genannt (S. 25), doch Zahlen zu Umsätzen, Gewinnen und sonstige Kennzahlen – Ausnahme sind die Details zu Vertragskonditionen (S. 219, Anm. S. 419) – fehlen ebenso wie Angaben zur Binnenstruktur des Verlags (wenn man von den wenigen Mitteilungen zur Besetzung des Lektorats und zur Beratung durch Externe absieht). Letztlich legt Boge eine Verlagsgeschichte als Verlegergeschichte, eine Verlagsgeschichte als Heroengeschichte vor. Trotz der Fokussierung auf die Person Joseph Caspar Witsch gerät das Kernthema der Steuerungsmechanismen des Verlegers (vgl. S. 5) über Strecken aus dem Blick.

Boge, Birgit: Die Anfänge von Kiepenheuer & Witsch. Joseph Caspar Witsch und die Etablierung des Verlags (1948–1959). Harrassowitz: Wiesbaden 2009 (Buchwissenschaftliche Beiträge. Begründet von Ludwig Delp. Hrsg. von Christine Haug u. a. Band 78). 554 Seiten. ISBN 978-3-447-06001-1.
Die Rezension erschien zuerst in *Archiv für Geschichte des Buchwesens* 67, 2012, S. 215–218.

Kiepenheuer Verlage
Eine deutsch-deutsche Verlagsgeschichte

Die ›Festschrift‹, die Siegfried Lokatis und Ingrid Sonntag zu *100 Jahre Kiepenheuer-Verlage* 2011 herausgegeben haben, kann man produktionstechnisch beschreiben als klassisches Quartformat, broschiert, großer Satzspiegel mit relativ wenig Weißraum sowie rund hundert Schwarz-Weiß-Abbildungen. Die achtundvierzig Beiträge des Bandes von vierzig Autoren, der als Begleitpublikation zur gleichnamigen Ausstellung erschienen ist, decken die Geschichte des Verlags seit der Gründung durch Gustav Kiepenheuer am 1. April 1910 ab, beschreiben die Spaltung nach dem Zweiten Weltkrieg und die Bildung der Verlagsgruppe in der DDR 1977 sowie die Entwicklung nach der deutschen Einheit. Die Kapitelüberschriften spiegeln die Stationen des Verlags wider: »Damals in Weimar«, »Die goldenen Zwanziger in Potsdam«, »Kiepenheuer während der Zeit des Nationalsozialismus«, »Neuanfänge in Ost und West«, »Wieder in Weimar«, »Gustav Kiepenheuer Bühnenvertriebs GmbH in Berlin-Dahlem«, »Kiepenheuer & Witsch in Hagen und Köln«, »Kiepenheuer Verlagsgruppe Leipzig und Weimar 1977–1990«, »Gustav Kiepenheuer Verlag GmbH in Leipzig und Berlin«. Vier Artikel sind Nachdrucke, sieben Beiträge Interviews oder Gesprächsprotokolle. Autoren sind Wissenschaftler, Verleger, Lektoren, Grafiker und Schriftsteller.

Die Vielfalt der Beiträge und die Mannigfaltigkeit der Aspekte lassen sich hier nicht rezensierend würdigen. Daher konzentriere ich mich auf die Aufsätze, die die Verlagsgeschichte im engeren Sinn betreffen. Volker Wahl skizziert die ersten Jahre nach der Gründung 1910 in Weimar. Kiepenheuer verlegte in diesen Jahren neben Titeln zur Kulturgeschichte Weimars auch illustrierte Kinder- und Sachbücher sowie eine Bibliothek mit Werken der Weltliteratur.

Cornelia Caroline Funke, die der Geschichte des Verlags bis 1944 eine detaillierte Studie gewidmet hat[10], stellt in drei Beiträgen die Wirtschaftsgeschichte des Verlags bis 1945 dar. Wie bei vielen Literaturverlagen war auch die Kapitaldecke des Kiepenheuer Verlags dünn und der Verleger musste immer wieder Kredite aufnehmen oder nach der Gründung einer Aktiengesellschaft durch neue Aktionäre wie z. B. Fritz Landshoff frisches Kapital in den Verlag holen. Kiepenheuer hat es »hinsichtlich der Finanzbeschaffung zu außerordentlicher Virtuosität gebracht; [...] nur sehr wenige seiner Kreditgeber werden ihre Einlagen wiedergesehen haben« (S. 55f.). Am Ende der Weimarer Republik war der Verlag, vor allem durch (zu) hohe Vorschüsse an Autoren wie Heinrich Mann und Lion Feuchtwanger »hoffnungslos überschuldet« (S. 112) und musste im Mai 1933 einen Vergleichsantrag stellen. Großgläubiger waren vor allem Druckereien, Papierlieferanten und Buchbinder, aber auch das Barsortiment Koehler & Volckmar. Im Jahr 1934 wurde der Verlag liquidiert. Unter dem Namen Gustav Kiepenheuer Neuer Verlag führte Kiepenheuer seine Verlagsgeschäfte fort. Vor allem durch Wehrmachtsaufträge wurde der Umsatz deutlich gesteigert: »trotz der lückenhaften Überlieferung lässt sich die These wagen: Wirtschaftlich ist es dem Verlag nie besser gegangen als während des Zweiten Weltkriegs.« (S. 135) Im Rahmen der NS-Verlagspolitik wurde zum 31. August 1944 die Schließung des Verlags verfügt.

Zurück zur Chronologie: Mit der Übersiedlung nach Potsdam im Oktober 1918 »stieg der Verlag durch die Herausgabe progressiver, avantgardistischer Gegenwartsliteratur in den zwanziger Jahren in die Riege der führenden schöngeistigen Verlage auf« (S. 58). Daran hatten die Lektoren Ludwig Rubiner, Hermann Kasack, Hermann Kesten und Fritz H. Landshoff entscheidenden Anteil. Marie Kaufmann zeichnet diese Verdienste der Lektoren für den Verlag sehr genau nach. Durch sie, von

---

[10] Funke, Cornelia Caroline: »Im Verleger verkörpert sich das Gesicht seiner Zeit«. Unternehmensführung und Programmgestaltung im Gustav Kiepenheuer Verlag 1909–1944. Wiesbaden 1999 (Veröffentlichungen des Leipziger Arbeitskreises zur Geschichte des Buchwesens. Schriften und Zeugnisse. Band 11).

denen die meisten zugleich Autoren waren, kamen u. a. Bertolt Brecht, Iwan Goll, Upton Sinclair, Ernst Toller, Hans Henny Jahnn, Carl Sternheim, Joseph Roth, Georg Kaiser sowie die bereits erwähnten Heinrich Mann und Lion Feuchtwanger in den Verlag.

Die schmale Produktion im Dritten Reich war durch die literarische Bearbeitung von historischen Stoffen, durch »anspruchsvolle Unterhaltungsliteratur«, »qualitätsvolle Übersetzungsarbeit« (S. 119) und die Wiederbelebung der Liebhaber-Bibliothek geprägt. Das Fazit von S Dichtabine Röttig[11] klingt eine Spur zu pathetisch: »Gelungen ist es Gustav Kiepenheuer, […] unter den Bedingungen der Diktatur Literatur als vornehmster Art der politischen Äußerung zur Wirkung zu verhelfen.« (S. 123)

Im März 1946 erhielt Kiepenheuer von den sowjetischen Besatzungsbehörden die Lizenz zur Aufnahme der Verlagstätigkeit (vgl. auch Gotthold Müller über Lizenzierungen in der russisch besetzten Zone). Joseph Caspar Witsch, der Leiter der Landesstelle für Buch- und Bibliothekswesen in Thüringen, spielte dabei eine wichtige Rolle. Um sich aus der Isolation in der SBZ zu befreien, gründete Kiepenheuer zusammen mit dem in den Westen übergesiedelten Witsch den Verlag Gustav Kiepenheuer GmbH in Hagen/Westfalen, der 1949 von den britischen Behörden lizenziert wurde (eine spezifische Kurzgeschichte des Programms liefert Klaus Körner in seinem Artikel »Kiepenheuer & Witsch und der Kalte Krieg in Deutschland«).

Eine Übersiedelung von Kiepenheuer und seiner Frau Noa nach der Etablierung im Westen war vorgesehen, kam jedoch wegen des Tods Kiepenheuers kurz nach Gründung des Verlags nicht zustande. Nach Auseinandersetzungen einigten sich die Witwe und Witsch im Mai 1951 auf einen Vergleich. Witsch durfte den Verlagsnamen Kiepenheuer & Witsch verwenden. Noa Kiepenheuer (siehe die beiden Beiträge von Jürgen Israel) führte den Gustav Kiepenheuer Verlag in der SBZ als Privat-

---

[11] Vgl. auch Sabine Röttig: »…bleiben Sie wie bisher getrost in Dichters Landen und nähren sih redlich.« Der Gustav Kiepenheuer Verlag 1933–1949. In: AGB 58 (2004), S.1–139.

verlag fort. Drei Momente behinderten die Verlagsentwicklung: die direkte Konkurrenz mit den großen Verlagen Aufbau, Verlag der Nation sowie Volk und Welt, die Papierkontingentierung und die Schwierigkeiten, Honorare oder Lizenzgebühren an Autoren oder Verlage im Westen zu transferieren. Letztlich führte der Verlag – auch mit Weimar-Regionalia – eine Nischenexistenz (siehe auch den Beitrag von Nicole Dietz und Siegfried Lokatis über Tami Oelfken), ein »Inseldasein«, wie Noa Kiepenheuer es nannte (S. 178). »Ein Verlag mit dieser Programmausrichtung [konnte] wohl nur in der DDR existieren.« (S. 179)

1977 wurde der bis dahin private Verlag in »Volkseigentum« überführt, und im Verbund mit den Verlagen Insel, Sammlung Dieterich (dazu der Beitrag von Grit Stegmann) und Paul List die Kiepenheuer Verlagsgruppe Leipzig und Weimar gebildet (dazu das Interview mit Roland Links, dem Verlagsleiter von 1979 bis 1990). Die weiteren Beiträge dieses Kapitels beleuchten die Programmarbeit (Klaus Michael über die deutsch-deutsche Geschichte der Anthologie *Berührung ist nur eine Randerscheinung*; Ernst-Peter Wieckenberg über die *Bibliothek des 18. Jahrhunderts*, eine Gemeinschaftsproduktion mit dem C. H. Beck Verlag; Marga Erb über osteuropäische Literatur und Günter Gentsch über westeuropäische und amerikanische Literatur in der Verlagsgruppe sowie Bernd Lindner über das Demontagebuch, eine Dokumentation der Leipziger Montagsdemonstrationen) und die ökonomischen Bedingungen der Buchproduktion, die in kaum vorstellbarer Weise von der Papierknappheit geprägt war (Bernd Friedemann und Eberhard Wollesky). Eine skurrile Anekdote zum literarischen Leben in der DDR ist der Briefwechsel zwischen dem Kiepenheuer Verlag, dem Aufbau Verlag und dem Buchgestalter Lothar Reher über eine Ausgabe des *Kamasutram*.

Die Geschichte nach 1990 wird mit einem Pressespiegel, einer Presseerklärung und einer Pressemeldung sowie einem Brief an Buchhändler und Verlagskollegen von Friedemann Berger sowie zwei kurzen Impressionen von Martin Lorentz und Thorsten Ahrend abgehandelt.

Der Vollständigkeit halber seien weitere Artikel wenigstens erwähnt: Matthias Merker über die neue Buchkunst im Verlag, Bianca Heuser über Georg Kaiser, Kerstin Wonneberger über Joseph Roth, Dirk Heißerer über Carl Einstein, Hans Altenhein über die von Kesten herausgegebene

Anthologie *Vierundzwanzig neue deutsche Erzähler* (1929), Jane Langforth und Siegfried Lokatis über den Bilderzyklus *Die Passion* von Otto Pankok und Jörg Räuber über die Erwerbungspraxis der Deutschen Bücherei in den Jahren 1933 bis 1945 und in der DDR.

Hinzu kommen feuilletonistische Ergänzungen (ein Auszug aus den Erinnerungen von Marie Luise Kaschnitz; Gotthold Müller über Lizenzierung), Interviews (mit Wulf Kirsten, Lektor 1965 bis 1987 des Aufbau-Verlags in Weimar, über die Zusammenarbeit mit Kiepenheuer), Porträts und Beiträge wichtiger Mitarbeiter (Sabine Röttig über Charlotte Ehlers; der Grafiker Artur Liebig über seine Bücher im Verlag; Maria Sommer, die Verantwortliche für den Bühnenverlag, über ihre Tätigkeit seit 1946 , dazu ein kurzer Briefwechsel mit Günter Grass und eine Ergänzung von ihrem Mitarbeiter Bernd Schmidt; Beate Jahn über ihre 23jährige Tätigkeit als Lektorin).

Insgesamt entsteht so kaleidoskopartig ein Bild der wechselvollen Verlagsgeschichte, wenn auch manche Kleinteiligkeit von den großen Strängen ablenkt. Das hängt sicher mit dem Charakter als Begleitbuch zu einer Ausstellung zusammen. Leider – und das ist wesentlich gravierender – wird die Geschichte nach der Wende nur knapp abgehandelt, um nicht zu sagen: abgefertigt. Die Vorgänge um den Management-Buyout durch Friedemann Berger und seinen Co-Geschäftsführer Peter Laubner im Jahr 1993 werden nicht analysiert, sondern unzureichend im Spiegel der Presse dargestellt – vielleicht mit Rücksicht auf die handelnden Akteure.

Lokatis, Siegfried / Sonntag, Ingrid: 100 Jahre Kiepenheuer Verlage. Christoph Links Verlag: Berlin 2011. 419 Seiten. ISBN 978-3-861-534635-2.
Die Rezension erschien zuerst in *Archiv für Geschichte des Buchwesens* 67, 2012, S. 224–226.

März Verlag

Immer radikal, niemals konsequent

Auf drei Ebenen präsentiert dieses Buch die kurze, bewegte Geschichte des März-Verlags. Auf der ersten Ebene (S. 9–163) erzählt der Gründer Jörg Schröder anekdoten- und detailreich, wie aus dem 23-jährigen Werbeleiter bei Kiepenheuer & Witsch und dem Verlagsleiter des bis dahin ganz auf Judaica spezialisierten Melzer-Verlags ein Verleger wurde, der mit seinem Programm aus der linken Szene ein prägender Verlag der alten Bundesrepublik der 1960er und 1970er Jahre wurde. Nach dem Zerwürfnis mit Abraham Melzer gründete Schröder den Verlag 1969, musste 1972 Vergleich und 1973 Konkurs anmelden, gründete ihn ein Jahr später als GmbH neu, kooperierte von da an bis 1981 durchaus erfolgreich mit Zweitausendeins, musste aber (auch aus gesundheitlichen Gründen) 1987 endgültig das Unternehmen liquidieren.

Eingeblockt sind in diesen Erzählstrang einzelne wichtige Ereignisse aus der Verlagsgeschichte, die in jedem Jahr erschienenen Titel sowie Informationen zur wirtschaftlichen Lage des Unternehmens. Neben dem März Verlag betrieb Schröder auch nach dem Zerwürfnis mit dem Verleger der Pariser Olympia Press, Maurice Girodias, die Olympia Press: Pornografie diente als Geldmaschine für die übrige Produktion. Querfinanzierung (»Mischkalkulation«) ist durchaus gängige Praxis in der Branche, aber keiner hat sie so demonstrativ praktiziert wie Schröder. Eine weitere, sehr kurzlebige unternehmerische Aktivität war die Agentur Bismarc Media, »deren Aufgabe es [war], nicht oder noch nicht anschlussfähige Konzepte zu entwickeln« (S. 49); es entstand eine »kryptische Agentur mit einer Aura von Bedeutsamkeit« (S. 50) – und einem hochbezahlten Manager (dem Schriftsteller Ernst Herhaus) in einem schicken Büro.

Auf der zweiten Ebene (S. 65–292) bietet Jan-Frederik Bandel, Literaturwissenschaftler und bis 2012 Verlagsleiter des Philo Fine Arts Verlags, »Eine kleine März-Geschichte der Bundesrepublik«. Die Rechtfertigung dazu liefert ihm Rainald Goetz, der 1984 kurz nach seinem Skandalauftritt beim Klagenfurter Ingeborg-Bachmann-Preis, bei dem er sich mit einer Rasierklinge die Stirn aufschnitt, einen Artikel für den *Spiegel* schrieb, der aber ungedruckt blieb: »Jörg Schröder ist ›die‹ exemplarische bundesrepublikanische Figur. Jörg Schröders Vita ist bundesrepublikanische Geschichte zur Ultraprägnanz einer grellen, exzentrischen, im Schock erstarrten ›Gestalt‹ gebracht: Herr Bundesrepublik.« (S. 167)

Entlang der 1984 publizierten, legendären *Mammut*-Anthologie, die auf fast 1300 Seiten ein Mosaik der Verlagsgeschichte bis zu diesem Zeitpunkt präsentierte, entfaltet Bandel die bundesrepublikanische Zeitgeschichte in fünf Kapiteln, mal mehr, mal weniger den Schwerpunkt auf die Realgeschichte legend: erstens die amerikanische Undergroundliteratur als Basis der ersten Programme (*Acid.* Hrsg. von Rolf Dieter Brinkmann und Ralf-Rainer Rygulla, 1969); zweitens politische (Edgar Snow: *Roter Stern über China*, 1969) und pädagogische Titel (Gerhardt Amendt: *Sexfront*, 1970); drittens Pornografie, zunächst als Lizenzen der Pariser Olympia Press (J. J. Jadway: *Die wirklichen sieben Minuten*, 1970); viertens New-Age-Literatur (Carlos Castaneda: *Die andere Realität. Die Lehren des Don Juan. Ein Yaki-Weg des Wissens*, 1972) und fünftens Bücher gegen die Literatur des Antiamerikanismus, der Friedensbewegung und des linken Antisemitismus (Bernward Vesper: *Die Reise*, 1977). Besonders der letzte Abschnitt macht allerdings sehr deutlich, dass in der Diskussion der mittleren und späten 1970er Jahre der Verlag nicht mehr themensetzend war, sondern nur noch eine Randrolle spielte.

Die dritte Ebene bildet die vollständige, detaillierte Bibliografie aller ca. 160 publizierten Titel – zuzüglich der nicht erschienenen fast 50 Titel. Darunter sind Bücher von Carlos Castaneda, Nina Hagen, Upton Sinclair und Colin Wilson sowie die geplante Werkausgabe von Otto Gross. Die Cover aller publizierten Titel sind vierfarbig abgebildet; die Einbandgestaltung stammt immer vom Verleger. Bibliografisch verzeichnet ist auch die Serie *Schröder erzählt*, die als handgebundener Privatdruck in der kleinen Auflage von 350 Exemplaren an Abonnenten ausgeliefert wird und seit 1990 erscheint. In Zusammenarbeit mit seiner Lebensgefährtin Barbara Kalender spinnt hier Schröder den autobiografischen Lebensfaden weiter, den er mit *Siegfried* (1972)[12] und *Cosmic*[13] begonnen hatte und im ersten Teil dieser Verlagsgeschichte resümiert. Das komplette Verlagsarchiv befindet sich heute im Deutschen Literaturarchiv in Marbach am Neckar.

Entstanden ist das Porträt eines Verlags, dessen Wirkungsmächtigkeit in keiner Relation zum doch recht überschaubaren Programm (nur etwa acht Titel pro Jahr) steht. Schröder hat es mit seiner »Verquickung von Porno, Pop und Politik« (S. 218) immer wieder verstanden, den Zeitgeist und den Zeitgeschmack treffende Titel zu veröffentlichen und sie nicht zuletzt dank seines ausgeprägten PR-Talents auch entsprechend zu vermarkten. Neben den oben erwähnten Büchern von Amendt, Castaneda, Snow und Vesper sowie den Anthologien *Acid* und *Mammut* gehören dazu auch provokante Titel wie Valerie Solanas *Manifest der Gesellschaft zur Vernichtung der Männer* (1969), *Die Vernichtung der weisen Frauen* von Gunnar Heinsohn und Otto Steiger (1985) oder der fotomechanische Nachdruck des Olympia-Albums von 1936 mit einem Nachwort von Gerhard Zwerenz (*Die Nazi-Olympiade*, 1972). Vor uns haben wir mit dieser typografisch gut gemachten Broschur einen Hybrid aus durchaus selbstironischer Selbstbespiegelung und Selbstbeweihräucherung, aus dem Versuch, einen Konnex von Programm und politischer Geschichte herzustellen, sowie aus einer sorgfältig recherchierten Gesamtbibliografie.

Bandel, Jan-Frederik / Kalender, Barbara / Schröder, Jörg: Immer radikal, niemals konsequent. Der März-Verlag – erweitertes Verlegertum, postmoderne Literatur und Business Art. Philo Fine Arts Verlag. Hamburg 2011. 332 Seiten. ISBN 978-3-865-72665-0.
Die Rezension erschien zuerst in *Archiv für Geschichte des Buchwesens* 69, 2014, S. 266f.

---

[12] Jörg Schröder *erzählt Ernst Herhaus* Siegfried. Jossa 1972; 20. Auflage. 1979.

[13] Schröder, Jörg / Nettelbeck, Uwe: Cosmic. Berlin/Schlechtenwegen 1982.

Oldenbourg Verlag
Wissen für die Zukunft

Reinhard Wittmann hat 2008 eine Festschrift über den Oldenbourg Verlag vorgelegt. Diese Festschrift anlässlich des 150jährigen Bestehens des Unternehmens ist ein großformatiges Hardcover mit Schutzumschlag, gebunden in Leinen mit Rückenprägung. Beschnitt, Vorsatzpapier und Leseband sind farblich auf das Leinen abgestimmt. Das Buch ist opulent vierfarbig bebildert, mit außergewöhnlichem Satzspiegel und individueller Typografie, konzipiert und gestaltet von Groothuis, Lohfert, Consorten, einem der innovativen Büros der Verlagsbranche.

Wittmanns Festschrift ergänzt inhaltlich das detailreiche Buch *Verleger und Verlagspolitik* von Tilmann Wesolowski[14] um die Gründungsgeschichte von 1858 bis zur Jahrhundertwende und um die Zeit nach dem Zweiten Weltkrieg. Der erste Teil des Prachtbands stellt – »teils eher kursorisch, teils detaillierter und exemplarisch« (S. 9) – die Geschichte des Unternehmens von den Anfängen bis zur Gegenwart dar. Der zweite, ungefähr gleich umfangreiche Teil bietet drei Fallstudien aus der Zeit zwischen den Weltkriegen.

Rudolf Oldenbourg (1811–1903) begann seine verlegerische Tätigkeit mit einer Zeitschrift, die bis heute ein zentrales Objekt des Unternehmens ist, mit dem *Gasjournal* (*GWF*), das 1858 erstmals erschien. Der Untertitel, *Organ des Vereins von Gas- und Wasserfachmännern Deutschlands und seinen Zweigvereinen und des Vereins der Mineralöl-Industrie*, zeigt die organisatorische Basis des lang anhaltenden Erfolgs. Bei diesem Verbandsorgan konnte der Verlag sowohl mit einem steten Abnehmerkreis als auch mit

---

[14] Siehe dazu die Rezension in diesem Band.

einem relativ stabilen Anzeigenaufkommen rechnen. Um diese Zeitschrift und deren Folgeprojekte bildete sich die technisch-naturwissenschaftliche Säule des Verlags heraus. Auch die zweite Säule, die geisteswissenschaftliche, beruhte auf einer langlebigen Zeitschrift, der *Historischen Zeitschrift* (*HZ*). Das erste Heft erschien im März 1859 im Cotta-Verlag, dessen Münchner Dependance zu jener Zeit noch von Oldenbourg geleitet wurde. Erst ab 1870 kam die Zeitschrift, die der Verleger zusammen mit zwölf weiteren Verlagsobjekten bei der Auflösung von Cottas Münchner Zweig übernahm, dann im eigenen Verlag heraus. Die stabilste tragende Säule, der Schulbuchverlag, der das bayerische Schulbuchmonopol besaß, kam 1873 in den Besitz des Unternehmers, nachdem in einer Übergangszeit der katholische Konkurrent Pustet Eigentümer des Königlich-bayerischen Zentralschulbücherverlags gewesen war.

Zwischen 1870 und 1886 übernahmen drei der vier Söhne Richard Oldenbourgs die Verlagsgeschäfte, die sich glänzend entwickelten. Eindeutiger Schwerpunkt waren Schulbuch und Technik; die übrigen neun Sachgebiete (vgl. S. 49) spielten nur eine untergeordnete Rolle.

Die folgenden Abschnitte der Verlagsgeschichte vom Beginn des 20. Jahrhunderts bis zum Ende des Zweiten Weltkriegs decken sich inhaltlich naturgemäß mit den drei großen Kapiteln Wesolowskis. Wittmann erzählt diesen Teil der Geschichte – ebenfalls naturgemäß – geraffter, aber zugleich an vielen Stellen detaillierter, gerade was Neuerscheinungen (S. 81f.), Auflagenzahlen, Kosten, Umsätze oder Beteiligungsverhältnisse an z. B. der *Bayerischen Staatszeitung* angeht. Er erzählt aber auch plastischer, weil er an etlichen Stellen geschickt ausgewählte Passagen aus Archivmaterialien zitiert. Das gerät zwar manchmal etwas länglich, wenn er den Brief Oldenbourgs an Bismarck in extenso wiedergibt (S. 58–60). Aber der zitierte Spott der Zeitschrift *Jugend* über die neugegründete *Staatszeitung* gibt der Darstellung eine Farbigkeit. Das Ende dieser Cashcow des Verlags im Jahr 1934 wird allerdings überproportional ausführlich geschildert (S. 86–93).

Der Lektor Manfred Schröder mit seiner Orientierung des Verlags am Mythos einer Einheitswissenschaft und dessen Gesamtprogramm von 1926 bleiben unerwähnt. Die Entlassung von Wilhelm von Cornides und die Installation des SS-Mitglieds Horst Kliemann wird mit einem knappen Satz erwähnt:»Konkretere Hintergründe konnten dazu nicht eruiert werden.« (S. 110) Die »Selbstgleichschaltung« (Wesolowski 2010, S. 266) des Verlags wird nicht sehr tiefenscharf dargestellt, was durchaus mit dem Typus der Firmenfestschrift als Auftragsarbeit zusammenhängen könnte.

Nach 1945 war Oldenbourg wegen noch vorhandener Druck- und Bindekapazitäten und Vorräten an Papier und Blei für den Satz für die US-Militärbehörden ›nachkriegswichtig‹. In deren Auftrag druckte der Verlag bereits kurz nach Kriegsende Millionen von Lebensmittelmarken und 3,3 Millionen Schulbücher. Der Verlag erhielt zunächst keine Lizenz, sodass man mit Manfred Schröter als Lizenzträger den Leibniz Verlag gründete, bevor nach der Aufhebung der Lizenzierungspflicht im Sommer 1949 der Verlag wieder unter seinem alten Namen tätig werden konnte.

Während die ersten zwei Drittel der Verlagsgeschichte deutlich über einhundert Seiten einnehmen, wird das letzte Drittel, also die Geschichte seit Ende des Zweiten Weltkriegs, von Wittmann recht gerafft auf knapp vierzig Seiten dargestellt. Der Technikverlag pflegte nicht nur die traditionellen Segmente (vor allem technische Fachzeitschriften) und wandte sich neuen Feldern wie der Informatik zu, sondern erweiterte sein Portfolio auch durch den Zukauf des Vulkan Verlags.

Ungeachtet der Erweiterung durch ein wirtschafts- und sozialwissenschaftliches Programm im Jahr 1978 und des Erwerbs des Akademie Verlags im Jahr 1997 blieb der historische Zweig der Schwerpunkt des Wissenschaftsverlags: 1949 begann die *Historische Zeitschrift* wieder zu erscheinen. Mit *Oldenbourgs Grundriss der Geschichte* (seit 1979) und der *Enzyklopädie der Geschichte* (seit 1988) fasste man im universitären Lehrbuchbereich Fuß. 1995 wurde der Boldt-Verlag übernommen.

Der »besonders kapitalintensive wie gewinnbringende« Schulbuchbereich (S. 141) entwickelte sich bis in die 1980-er Jahre hinein kontinuierlich nach oben: »Das Schulbuch stand damit an der Spitze der Verlagsbereiche.« (S. 144) Das hat sich trotz aller Programmaktivitäten und Akquisitionen – so ging rund 125 Jahre nach der Pachtübernahme des Königlichen-bayerischen Zentralschulbücherverlags durch Rudolf Oldenbourg

1998 der staatliche Bayerische Schulbuch Verlag in den Besitz des Verlags
über – nicht zuletzt wegen des demografischen Wandels drastisch geändert.

Für die Oldenbourg-Familiengesellschaft waren ökonomisch die
technischen Betriebe immer wichtiger geworden (vgl. S. 120). 1980 (jüngere Zahlen liegen nicht vor) wurde in diesem Bereich fast das Fünffache
der Umsätze des Verlagsbereichs erlöst, und so bedeuteten Ertragsschwierigkeiten von Druckerei und Binderei das Ende des Familienunternehmens Oldenbourg. Der Verlag wurde ausgegliedert und ging zum
1. Januar 2004 in den Besitz der Verlagsgruppe Cornelsen über. Unter
dem Dach von Cornelsen umfasst die Oldenbourg Verlagsgruppe heute
mehrere eigenständige GmbHs, denen Wittmann eine erfolgreiche Zukunft prognostiziert: »Es ist somit keine obligate, dem Genre Festschrift
geschuldete Reverenz, sondern eine nüchterne, begründete Prognose:
Der R. Oldenbourg Verlag hat sich über anderthalb Jahrhunderte durch
historische und wirtschaftliche Höhen und Tiefen in allen Herausforderungen bewährt, einer großen Tradition verpflichtet. Er ist damit gut
gerüstet für eine spannende Zukunft.« (S. 159)

Wie erwähnt bietet der zweite Teil drei Fallstudien aus der Zeit zwischen den Weltkriegen. Die erste befasst sich mit Hermann Oberths *Die
Rakete zu den Planeträumen* (1923) und dem sich daran anschließenden
Aufbau eines Programmsegments, das vor allem Werke von Max Valier,
Walter Hohmann und Eugen Sänger umfasste. Oldenbourg habe sich
damit »in den Zwanzigerjahren einen Namen als Heimstätte modernster
innovativer Technik gemacht« (S. 199).

Die zweite Fallstudie gilt der Zeitschrift *Corona* und der *Historischen
Zeitschrift* nach der Machtergreifung. Die dezidiert elitäre literarische
Zeitschrift *Corona* erschien 1931 ab dem zweiten Jahrgang bei Oldenbourg. Der vermögende Schweizer Martin Bodmer trug die gesamten
Herstellkosten und erhielt im Gegenzug die Einnahmen aus dem Verkauf der Hefte sowie fünfundsiebzig Prozent der Anzeigenerlöse. Wie
die Gesamtbilanz dieses Zeitschriftenunternehmens aussah, ist unbekannt, da Bodmer daneben die Autorenhonorare sowie das Herausgeberhonorar von Herbert Steiner beglich. Wittmann zeichnet sehr genau
nach, wie dieses ökonomisch immer prekäre Unternehmen es schaffte,

sich lange Zeit den politischen Eingriffsversuchen zu entziehen, selbst wenn es 1942 aus dem eigenen Haus »ein vernichtendes Lektoratsgutachten« (S. 240) von Manfred Schröter über ein Heft der Zeitschrift gab. Auch bei der von den Nationalsozialisten betriebenen Ablösung des langjährigen Herausgebers der *Historischen Zeitschrift*, Friedrich Meinecke, wirkte der Verlag im Sinn einer »Selbstgleichschaltung« mit, indem er sich bei der Suche nach einem Nachfolger dem Druck von Walter Frank beugte und Karl Alexander von Müller als neuen Herausgeber berief. Frank führte den Achtung gebietenden Titel »Referent für Geschichte beim Stellvertreter des Führers und beim Beauftragten des Führers für die gesamte weltanschauliche Erziehung der NSDAP«. Wittmann hält fest, »dass die Initiative zur Ablösung des Herausgebers vom Verlag ausging, nicht etwa von den nationalsozialistischen Machthabern« (S. 275).

Die dritte, deutlich umfangreichste Fallstudie (mit einem ergänzenden Beitrag der Fibel-Expertin Gisela Teistler) bietet eine »kleine Entstehungs- und Wirkungsgeschichte der Oldenbourg-Fibeln« (S. 277). Bis zum Ende des Ersten Weltkriegs waren die Erstlesebücher ein risikoloses Geschäft. So erreichte der erste Teil der 1870 erstmals publizierten Fibel von Georg Hoffmann 1906 die 388. Auflage. Nach dem Krieg begannen mühsame Verhandlungen mit den Ministerien, denn »das möglichst ungetrübte Einverständnis mit den staatlichen Stellen bis hin zum vorauseilenden Gehorsam war seit jeher eine unverzichtbare Vorbedingung dieser Verlagssparte« (S. 282). Am Beispiel der wechselvollen Geschichte von Hans Brückls *Mein Buch* werden die Hindernisse (darunter auch der Widerstand von Lehrerverbänden, die selbst Konkurrenzprodukte lancierten) detailliert beschrieben – bis hin zum Aus im Jahr 1933, weil das Buch in Antiqua gesetzt war. Eine überraschende Wende auch für die Brückl-Fibel brachte Hitlers Erlass von 1941, der die Fraktur als »Judenlettern« denunzierte und die Antiqua zur Normalschrift bestimmte. So konnten neun Auflagen des Buchs bis 1943 gedruckt werden, allerdings um den Preis einer Anpassung an die NS-Ideologie. Wittmann meint, es sei »keine massive Indoktrination, keine krasse Ideologisierung« (S. 308) festzustellen.

Nach Ende des Zweiten Weltkriegs wurde die Brückl-Fibel quasi ent-
eignet und erschien im neugegründeten Bayerischen Schulbuchverlag am
Staatsministerium für Unterricht und Kultus, dem Brückl in Absprache
mit Oldenbourg die Rechte übertrug. Dem Unternehmen verblieben die
Druckaufträge, ein durchaus lukratives Geschäft, wie die Auflagenzahlen
belegen (S. 314; 376; Anm. 56). Gisela Teistler stellt dar, wie die Olden-
bourg-Erstlesebücher (der Begriff »Fibel« wurde 1962 zum letzten Mal im
Haupttitel verwendet) seit den 1970er Jahren modernen pädagogischen
Konzepten folgten.

Wittmanns Geschichte des Oldenbourg Verlags mit dem prätentiösen
Titel *Wissen für die Zukunft* ist ein überaus detailreiches, informatives,
hervorragend geschriebenes Werk. Besonders sind die genannten Kennzahlen des Unternehmens hervorzuheben. Die fast dreihundert Abbildungen sind sorgfältig ausgewählt und zeigen vor allem handelnde Personen, Verlagslogos, Buchcover und -innenseiten, aber auch Grafiken zur
Familienabfolge und Tabellen. Zahlreiche faksimiliert (und lesbar) wie-
dergegebene Dokumente bereichern die Festschrift. Sie ist durchgehend
vierfarbig gedruckt, sodass auch die Schwarz-Weiß-Vorlagen sehr gut
wiedergegeben sind. Der informative Anmerkungsapparat ist im positiven Sinn überschaubar. Personen- und Firmenregister ergänzen den
Band.

Wie lang die Leine war – um auf Monika Estermann anzuspielen (Estermann 2007, S. 21) –, an der Wittmann hing, ist schwer zu beurteilen.
Allerdings fällt auf, dass die »Selbstgleichschaltung« des Verlags und
insbesondere die Rolle des Cheflektors und späteren Verlagsleiters Manfred Schröter doch sehr vorsichtig und zurückhaltend dargestellt ist. Leider fehlt auch eine Begründung, warum gerade diese drei Fallstudien
ausgewählt wurden, zumal es sich ja um genau genommen vier case
studies handelt. Die in das *Corona*-Kapitel integrierte »Restgeschichte«
der *Historischen Zeitschrift* ist leider nicht mehr als ein Anhängsel.

Für den Leser und Betrachter sehr störend ist die Verletzung des
Grundsatzes, dass zu jeder Abbildung eine Bildunterschrift gehört. Das
betrifft besonders die schlecht erkennbaren, kleinformatig wiedergege-
benen Buchumschläge. Die zarte Poesie im ersten Satz der Unternehmensgeschichte, in dem über die Schreibung des Verlagsnamens sinniert

wird, sei der Textsorte Festschrift angelastet: »Dem festen Grund ver-
trauenserweckender Bodenständigkeit fügt die sparsam dosierte Prise
des Zusatzvokals einen Hauch von unternehmerischer Weltläufigkeit
hinzu.« (S. 15)

Wittmann, Reinhard: Wissen für die Zukunft. 150 Jahre Oldenbourg Verlag. Oldenbourg:
München 2008. 384 Seiten. ISBN 978-3-486-58822-4.
Die Rezension erschien zuerst in *Archiv für Geschichte des Buchwesens* 67, 2012, S. 220–222.

Oldenbourg Verlag

Zwischen Kaiserreich und Nationalsozialismus

Tilmann Wesolowskis Buch *Verleger und Verlagspolitik* über den Wissenschaftsverlag R. Oldenbourg, präsentiert sich schmucklos, kleinformatig, mit zu kompressem Satz zugunsten eines übergroßen Kopfstegs. Der Autor bietet keine Gesamtverlagsgeschichte, sondern behandelt einen signifikanten Abschnitt daraus. Diese wissenschaftliche Qualifikationsschrift ist mit Quellen- und Literaturverzeichnis und Register sowie 1669 Fußnoten adäquat ausgestattet. Die Fußnotendichte liegt bei einem Wert von 4,36 pro Seite.

Die Dissertation ist bei dem Berliner Historiker Uwe Puschner entstanden. Zentrale Quellenbasis ist das Verlagsarchiv im Bayerischen Wirtschaftsarchiv. Methodisch basiert die Arbeit auf den feldtheoretischen Überlegungen Pierre Bourdieus und stellt »keine Unternehmensgeschichte Oldenbourgs dar, da dessen wirtschaftliche Lage nicht im Zentrum der Untersuchung steht« (S. 28). Vielmehr geht der Autor »der Frage nach der Rolle und dem Einfluss der Verleger Oldenbourg auf die Wissenschaften und Fachgebiete« nach. »Dabei werden die Interdependenzen und Verlegerinteressen innerhalb des Verlags in den Mittelpunkt der Untersuchung gerückt.« (S 22). Doch das Untersuchungspanorama wird breiter aufgespannt. Es soll dargestellt werden, »inwieweit politische und persönliche Präferenzen, wirtschaftliche Überlegungen sowie Kontakte zu Autoren und Herausgebern die Verleger und Lektoren bei der Zusammenstellung des Verlagsprogramms beeinflussten, wie und ob diese selbst Einfluss nahmen und wie sich das sozioökonomische und politische Umfeld im Kaiserreich und im Ersten Weltkrieg, in den Krisenjahren der Weimarer Republik und schließlich in der Zeit nationalsozialistischer Herrschaft hierauf auswirkten« (S. 22f.).

Die Abgrenzung des Untersuchungszeitraums wird zum einen mit der Materiallage begründet; vor 1900 sei die Quellenlage »wenig ergiebig« (S. 34). Zum anderen mit der Unterbrechung der Verlagsarbeit durch Kriegseinwirkung und die (vorübergehende) Nichterteilung einer Verlagslizenz nach Ende des Kriegs. Die Untersuchung ist in drei Großkapiteln gegliedert: von der Jahrhundertwende bis zum Ersten Weltkrieg, die Zeit der Weimarer Republik und die Zeit des Nationalsozialismus.

Die Zeit bis zum Ausbruch des Ersten Weltkriegs war einerseits dadurch geprägt, dass das Verlagsprogramm rund um die Gründungszeitschriften *Gasjournal* und *Historische Zeitschrift* mit Fokus auf die technischen und geisteswissenschaftlichen Fächer ausgebaut wurde. Ökonomische Stützen für die Expansion waren dabei u. a. die in einem Tochterunternehmen herausgegebene *Bayerische Staatszeitung* (seit 1913), die eigene Druckerei sowie der Schulbuchverlag (seit 1873). Zunächst verlegerisch abgedeckte Randgebiete wie Belletristik, Militaria, landesgeschichtliche Publikationen und Kolonialliteratur wurden gestrichen. Zum anderen wurde bei den vorhandenen wissenschaftlichen Periodika verstärkt auf die fachliche Qualifikation geachtet, was immer wieder zu Konflikten mit Redakteuren und Redaktionen führte, die sich – auch aus Eigeninteressen – der Kontrolle durch den Verlag zu entziehen suchten und eine größere Selbständigkeit anstrebten.

Profilierungsobjekte waren die *Illustrierten Technischen Wörterbücher* (seit 1906), die zwar den ökonomischen Folgen des Weltkriegs zum Opfer fielen, dem Verlag aber erheblichen Reputationsgewinn bescherten, und das u. a. von Friedrich Meinecke herausgegebene *Handbuch der mittelalterlichen und neueren Geschichte* (seit 1903). Von vierzig geplanten Bänden erschienen bis 1931 zweiundzwanzig. Trotz der Absatzschwierigkeiten festigte das Handbuch »Oldenbourgs Ruf als eine der ersten Adressen der Geschichtswissenschaft« (S. 102). Versuche vor dem Ersten Weltkrieg, die geisteswissenschaftliche Produktion für ein breiteres Publikum zu erweitern, scheiterten.

Mangelnde Fördermittel, fehlendes Personal, Rückgang der Zeitschriftenabonnements und Rohstoffmangel mit steigenden Preisen im Gefolge charakterisieren die Produktionsbedingungen im Weltkrieg.

Hinzu kam die Zensur, die einerseits Vor- und Nachzensur übte, anderseits den Zeitschriftenaustausch mit »dem feindlichen Ausland« zu unterbinden suchte. 1918 war die Buchproduktion gegenüber Kriegsbeginn auf weniger als die Hälfte geschrumpft. Im Inflationsjahr 1923, »am Ende des goldenen Verlagszeitalters« – so die Kapitelüberschrift –, »beschränkten sich die Verleger Oldenbourg auf den Erhalt des Bestehenden und die Erfüllung der vertraglichen Verpflichtungen« (S. 134).

In der Weimarer Republik versuchte der für diesen Verlagszweig verantwortliche Wilhelm Oldenbourg, ein Enkel des Gründers, die geisteswissenschaftliche Produktion auszubauen, erfuhr aber dabei mit den Werken des Münchner Paläontologen Edgar Dacqués eine positive Aufnahme in völkischen und okkulten Kreisen: »Der Verleger setzte hier den Ruf des Verlags bewusst für seine eigenen Überzeugungen ein und verknüpfte bei der Publikation der Schriften Dacqués Weltanschauung und Wissenschaft.« (S. 157) Auch durch das von Alfred Bäumler und Manfred Schröter herausgegebene *Handbuch der Philosophie* (seit 1925) verschaffte der Verlag »einem Spektrum rechtspolitischer Positionen den Zugang zum wissenschaftlichen Feld und hatte damit Anteil an einer Disposition des Feldes, welche die Nationalsozialisten für ihre wissenschaftspolitischen Zwecke nutzen konnten« (S. 170). Als Lektor entwarf Schröter 1926 ein Gesamtprogramm, den *Aufstellungsplan zur Neuordnung der hist.philos. Abtlg. des R. O. Verlags (als einheitlicher Ausdruck der Kulturwende der Gegenwart)*. Auch der technische Verlagsteil sollte einbezogen werden, was von diesem aber abgeblockt wurde. Ökonomisch war diese Orientierung am Mythos einer Einheitswissenschaft ein glatter Fehlschlag. Die metaphysischen Tendenzen waren »nicht immer weit entfernt von rassentheoretischer Naturbetrachtung und völkischer Ideologie« (S. 186). Nicht ohne Hybris wähnte man sich auf einer Stufe mit Humboldts *Kosmos* oder Darwins *Entstehung der Arten*. Auch dienten manche in den Weimarer Jahren erschienenen Bücher »im Rahmen der nationalen Selbstvergewisserung revanchistischen Zielen« (S. 216).

Daneben publizierte der Verlag als risikolose Brotartikel die *Schriften der Bayerischen Akademie der Wissenschaften*, die *Forschungen zur brandenburgischen und preußischen Geschichte* des Vereins für die Geschichte der Mark Brandenburg, die *Studien und Mitteilungen des Benediktiner-Ordens* und die *Deutsche Volksbildung* des Bayerischen Volksbildungsverbands. Für eine Etablierung im naturwissenschaftlichen Feld, obwohl in der Gesamtkonzeption Schröters vorgesehen, fehlten die Mittel: »So besaß Oldenbourg weder ausreichend symbolisches als auch reelles Kapital, um sich einen weiteren Ausbau des naturwissenschaftlichen Profils leisten zu können.« (S. 223)

Der technische Verlagsteil, geführt von Wilhelm von Cornides, der in die Verlegerfamilie eingeheiratet hatte, sah sich durch stark verminderte Anzeigenaufkommen der Fachzeitschriften in einer wirtschaftlich schwierigen Lage. Notwendig war eine Modernisierung der Zeitschriften, allen voran des Flagschiffs *Gasjournal*. Damit einher ging eine stärkere Kontrolle der Redaktionen durch die Verlagsleitung, was zu Konflikten führte. Wo die Marktführerschaft nicht erreicht werden konnte wie im Fall der *Zeitschrift für Flugtechnik und Motorluftschiffahrt*, wurde die Publikation eingestellt. Neue Zeitschriften wurden gegründet (z. B. die *Psychotechnische Zeitschrift*) oder in Verlag genommen (z. B. *Elektrizität im Bergbau*).

Die Dynamik vor allem im geisteswissenschaftlichen Verlagszweig führte dazu, dass Oldenbourg zu einem der zehn größten wissenschaftlichen Verlage in Deutschland zählte und 1927 nach der Zahl der verlegten Titel an achter Position aller Verlage stand. Beide Verlagsteile entwickelten sich in der Weimarer Republik unabhängig voneinander, »was sowohl im unterschiedlichen Selbstverständnis ihrer Leiter als auch in der Entwicklung der Fächer begründet lag« (S. 257). Ökonomisch musste der technische Teil den geisteswissenschaftlichen stützen: »Der sogenannte geisteswissenschaftliche Verlag aber hat ständig Kapital gefressen.« (S. 258)

Nach 1933 betrieb Oldenbourg die »Selbstgleichschaltung« (S. 266), doch »missglückte der Versuch, sich in den neuen politischen Verhältnissen als wertvoller Verbündeter zu zeigen« (S. 269). Der Umbruch im geisteswissenschaftlichen Bereich wurde bei der Ablösung Meineckes als Herausgeber der *Historischen Zeitschrift* deutlich. Wilhelm Oldenbourg legte Wert darauf, »dass eine Persönlichkeit gewonnen wird, die gute Beziehungen zur NSDAP hat« (S. 283) und musste so die Gleichschaltung der Zeitschrift und die Abhängigkeit von Walter Frank, dem Leiter des Reichsinstituts für Geschichte des neuen Deutschlands, akzeptieren. Trotz aller Anpassungsversuche aber wurde ab 1935 immer deutlicher,»dass der Verlag bei einigen Stellen und Vertretern parteilicherseits kein hohes Ansehen genoss« (S. 306).

Die Einstellung der *Bayerischen Staatszeitung* (1934), das stagnierende Schulbuchgeschäft und der Verlust ganzer Verlagssparten führten dazu, dass das Gesamtunternehmen Oldenburg sich finanziell nun noch lediglich auf die technischen Betriebe mit der Druckerei stützen konnte. Über die wirtschaftliche Situation kam es zu Differenzen zwischen Cornides und seinen Oldenbourg-Mitverlegern. Hinzu trat zunehmender politischer Druck, den NS-kritischen Cornides zu entlassen, was Mitte 1941 geschah. Nachfolger wurde Horst Kliemann, Mitglied der Deutschen Arbeitsfront und der SS. Schon ab 1938 war es für den Verlag zum Problem geworden,»dass das wirtschaftliche Überleben vom Wohlwollen der Parteimitglieder abhängig war« (S. 338).

Die Verlagsarbeit während des Kriegs war wie schon während des Ersten Weltkriegs durch Papier- und Personalmangel sowie durch die Zensur eingeschränkt. Oldenbourg gehörte bei allen politischen Schwierigkeiten zu den Verlagen, die die Schließungswelle im August/September 1944 überstanden, weil sowohl der Technikverlag als auch der Schulbuchverlag als »kriegswichtig« eingestuft wurden. Nach einem Bombenangriff im April 1944 brannte das Verlagshaus aus, und die Arbeit kam praktisch zum Erliegen.

Die Dissertation Tilmann Wesolowskis ist eine klare, gut aus den Quellen gearbeitete, rein deskriptive Untersuchung. Das oben zitierte Untersuchungsprogramm ist stringent abgearbeitet. Nach dem Buch von Helen Müller über den de Gruyter Verlag[15] ist sie ein weiterer Beleg, dass die Feldtheorie Pierre Bourdieus für die Verlagsgeschichtsschreibung fruchtbar gemacht werden kann. Die Zentrierung auf einzelne Personen

---

[15] Müller, Helen: Wissenschaft und Markt um 1900. Das Verlagsunternehmen Walter de Gruyters im literarischen Feld der Jahrhundertwende. Tübingen 2004.

und ihre oft überhöhende Darstellung wird durch eine systemische Darstellung abgelöst, die die Positionierungen von Personen, Themen, Organisationen auf dem Feld des wissenschaftlichen Verlegens zum Kern hat. Nicht der unangenehmste Zusatzeffekt ist, dass mit diesem theoretisch-methodischen Ansatz auch unreflektierte Wertungsmuster ausgeschaltet sind.

Wesolowski, Tilmann: Verleger und Verlagspolitik. Der Wissenschaftsverlag R. Oldenbourg zwischen Kaiserreich und Nationalsozialismus. Meidenbauer: München 2010 (Studien zur modernen Verlagsgeschichte und Wissensproduktion 1. Hrsg. von Olaf Blaschke und Uwe Puschner). 434 Seiten. ISBN 978-3-899-75199-4.
Die Rezension erschien zuerst in *Archiv für Geschichte des Buchwesens* 67, 2012, S. 218–220.

Radius Verlag
Strategie der großen Namen

Die Chronik zum 50-jährigen Bestehen des Radius-Verlags ist edel aufgemacht mit Vierfarbdruck, Bindung in grauem Leinen mit Tiefprägung und Schild. Gesetzt ist der Band in der alten Rechtschreibung – ein marottenhafter Anachronismus.

Der Radius-Verlag wurde auf Initiative des Pastors Horst Bannach am 8. Dezember 1962 gegründet. Die Gründungsgesellschafter waren die Evangelische Akademikerschaft in Deutschland (EA), deren Generalsekretär Bannach, die Evangelische Studentengemeinde in Deutschland (ESG) und der bildende Künstler Hans Hanko. Das Stammkapital betrug 20.000 DM. Zahlreiche Persönlichkeiten aus Wirtschaft, Gesellschaft und Theologie kamen bald als Gesellschafter hinzu (S. 22f.), von denen heute noch Hans Martin Schmidt aktiv ist. Ab 1978 wurde der Kreis der Gesellschafter um Personen wie Heinrich Albertz, Ingeborg Drewitz, Norbert Greinacher und Kurt Scharf erweitert. Aktuell sind 21 Personen Gesellschafter. Einige Jahrzehnte lang hielt die EA über 50 Prozent der Anteile. Damit war der Radius Verlag ein sogenannter Verbandsverlag. Das Verdienst des späteren Geschäftsführers und Verlegers Wolfgang Erk (seit 1978) liegt darin, aus einem Verlag, der »den Strukturen eines schwerfälligen Verbandes untergeordnet [war], der mit wechselnden Gremien und Funktionären arbeitete, die in Verlagsdingen mit Fragen und Ratschlägen immer neu bei Adam und Eva anfingen«, einen unabhängigen Kleinverlag gemacht zu haben, der »im rauen Klima der Verlagslandschaft sich bewähren und überleben wollte« (S. 221). Damit einher ging die Reduktion der Mitarbeiterzahl von 18 im Jahr 1978 auf gegenwärtig zwei Festangestellte: neben Erk der Prokurist Martin Scharpe, der die Zeitschrift *Das Plateau* redigiert, Bücher lektoriert und außerdem die Druckvorstufe erledigt. Im gleichen Zeitraum stieg die Zahl der jährlich publizierten

Bücher von ca. fünf auf 20 bis 25 (S. 27). Im Zug der Transformation zum Publikumsverlag wurde der Anteil der EA, der 1978 noch 51 Prozent betrug, bis 1992 auf zwei Prozent zurückgefahren. Der Verlag hat heute die Rechtsform einer GmbH.

Ziel des Verlags bei seiner Gründung war das Verlegen der bereits seit 1955 erscheinenden Zeitschrift *Radius* sowie »die Herausgabe oder Förderung anderer Veröffentlichungen, die sich aus dem Auftrag der Evangelischen Akademikerschaft in Deutschland. V., Stuttgart, und der Evangelischen Studentengemeinde in Deutschland ergeben« – so die erste Fassung des Gesellschaftervertrags. Heute ist der Gesellschaftszweck allgemeiner benannt: »Das Verlegen, der Vertrieb und die Herausgabe oder Förderung von Büchern, Zeitschriften sowie anderer Veröffentlichungen. Hierzu gehört insbesondere auch der Bereich der Kunst und die Mitwirkung am Meinungsbildungsprozess«. (S. 11f.)

Die Geschichte des Verlags wird einleitend kurz referiert. Dabei sind zum Teil sehr kurze Abschnitte wichtigen Autoren, Reihenwerken, Predigtliteratur, autobiografischen Büchern, Belletristik, Lyrik- und Prosa-Anthologien, Festgaben, Periodika und Kunstbüchern gewidmet. Die beiden Periodika, die Zeitschrift *Radius* und das Nachfolgeorgan *Das Plateau*, werden sehr ungleichgewichtig behandelt. *Radius* wird an dieser Stelle nur ein Halbsatz gewidmet; den Rest des über einseitigen Abschnitts nehmen die Ausführungen zu *Das Plateau* ein.

Über die viermal jährlich erscheinende Zeitschrift *Radius*, »aufgrund deren Erfolg der Verlag einst gegründet wurde« (S. 7) und von der zwischen 1955 und 1990 immerhin 140 Ausgaben erschienen sind, erfährt man an anderer Stelle, dass sie als Verbandszeitschrift zunächst den Untertitel *Vierteljahrsschrift der Evangelischen Akademikerschaft in Deutschland (EA)*, ab 1985 den ein größeres Zielpublikum ansprechenden Untertitel *Die Kulturzeitschrift zum Weiter-Denken* trug. In den Anfangsjahren wurde sie wohl kostenlos an die Mitglieder der EA abgegeben. Der Umfang betrug 58 Seiten, bei den letzten Jahrgängen 68 Seiten. Für 1963 liegen Zahlen vor. So betrug die durchschnittliche Auflage 30.000 Exemplare. Davon waren 10.000 bezahlte Abonnements; 8.000 Mitglieder erhielten die Zeitschrift zum Vorzugspreis; 6.000 kostenlose Exemplare gingen an »Interessenten« und 4.000 Exemplare wurden »in die Ostzone« (S. 9f.) geschickt. Zu den Gründen der Einstellung der Zeitschrift heißt es recht lapidar: »1990 hatte die EA nicht mehr genügend Kraft und Geld, ihre Mitglieder mit dem *Radius* kostenlos zu versorgen. Sie begründete eine neue Mitgliederzeitschrift; der Radius-Verlag begründete *Das Plateau. Die Zeitschrift im Radius-Verlag.*« (S. 10) Die sechsmal jährlich erscheinende Zeitschrift hat im Jubiläumsjahr 134 Ausgaben erreicht. Angaben zur Distribution, zum Preis und zur Auflage fehlen. Dieser Nachfolgezeitschrift wird im Band schon allein durch die Tatsache erheblich mehr Raum eingeräumt, dass sich im Anhang ein Register der Beiträge von 1990 bis 2012 findet. Ein vergleichbares Verzeichnis für die dem Verlag den Namen gebende Zeitschrift fehlt. Hier und an anderer Stelle kann man sich des Verdachts nicht erwehren, dass sich der langjährige Verleger Erk zu sehr in den Mittelpunkt rückt.

Die beiden Herausgeber des Jubiläumsbands, Wolfgang Erk und Martin Scharpe, setzen den Schwerpunkt auf die Autoren und ihre Werke. So werden 129 Autoren von Egon Bahr und Christoph Eschenbach über Hans Lenk und Friederike Mayröcker bis zu Martin Walser und Hildegard Zumach in Fotos vorgestellt (S. 30–81). Danach folgen faksimilierte Briefe und Skripte von 76 Autoren, diesmal nicht alphabetisch angeordnet, sondern die meist einseitigen Dokumente aus den Jahren 1973 bis 2011 sind chronologisch aufgereiht (S. 93–203). Die Liste reicht von dem Politiker und Kirchenmann Heinrich Albertz über den Literaturwissenschaftler Walter Hinck bis zur Schriftstellerin Christa Wolf. Es handelt sich dabei um Autorenkorrespondenzen (Walter Jens, Tobias Brocher), Manuskripteinreichungen (Dieter Lattmann, Curt Meyer-Clason), Zusagen (Iring Fetscher) und Absagen (Günter Grass, Michael Ende, Robert Gernhardt) als Antworten auf Fragen des Verlegers nach einem Beitrag, um kleine Manuskripte, Widmungen und »Quotes«, also Empfehlungen zu Büchern des Verlags, sowie die (reichlich vertretenen) Grüße an Wolfgang Erk zum 50. Geburtstag einschließlich der Rede von Walter Jens zur Feier. Manche der Faksimiles sind schlicht unleserlich.

Der sich daran anschließende Hauptteil des Buchs, »Chronologie der Publikationen. Begegnungen. Umschlaggestaltungen« (S. 205–384), dokumentiert zunächst in einer raffenden Darstellung die Jahre 1962 bis 1977. Danach folgen in Jahresscheiben die tagebuchartigen Aufzeichnungen des Verlegers Erk, dessen erste Dienstreise ihn 1978 zu Walter Jens führte, dem wohl wichtigsten Autor für Verleger und Verlag. An wenigen Stellen sind Reflexionen über das Verlegersein (S. 230; 244f.), über die Beziehung Autor – Verleger (S. 320f.), über die Frankfurter Buchmesse (S. 300f.) oder Bemerkungen zu verlagsinternen Problemen (S. 223) eingestreut. Je mehr man sich der Gegenwart nähert, desto stärker finden sich Notizen zu runden Geburtstagen und zu Todesfällen. Die wichtigsten Bücher des jeweiligen Jahres sind durch Umschlagabbildungen repräsentiert.

Vierundzwanzig mehr oder minder spezifische (Pflicht-)Beiträge zum halben Jahrhundert des Verlags, die offenkundig auf Aufforderung des Verlags verfasst wurden, sowie sieben Kunstbeiträge (darunter eine Radierung von Markus Lüpertz sowie ein Prägedruck von Günther Uecker) runden den chronologischen Teil ab. Das Gesamtverzeichnis aller Radius-Bücher sowie das Register der Zeitschrift *Das Plateau* beschließen den Band. Die meisten Einträge im Gesamtverzeichnis entfallen auf den Verleger Erk. Bei der Fülle der Namen, manchmal im Stil des name droppings, wäre ein Personenregister hilfreich gewesen.

Da es sich um eine chronologische Darstellung der Verlagsgeschichte handelt, kann man dem Band nicht zum Vorwurf machen, dass er den Fragen der Ökonomie kein eigenes Kapitel widmet. Dazu finden sich über die oben genannten Zahlen zur Zeitschrift *Radius* hinaus an verstreuten Stellen einige sehr spärliche Bemerkungen. So war 1995 »ein gutes Jahr mit ansehnlich gestiegenem Umsatz und gestiegenem Gewinn« (S. 308). Für das Jahr 2000 werden die vier »bestverkauften Bücher« (S. 332) aufgezählt, ohne dass man Stückzahlen erfährt. Umsatzproportionen werden für 2001 genannt: Ein Drittel entfallen auf die Zeitschrift sowie die Kunstbücher, die seit den 1990-er Jahren verlegt wurden. Vor allem teure Vorzugsausgaben des *Plateaus* mit Werken von Georg Baselitz, Gotthard Graubner, Markus Lüppertz u. a. trugen erheblich zum Umsatz bei.

Insgesamt entsteht durch diese *Chronik* das Porträt eines Verlags, dessen Verleger es verstanden hat, durch eine Strategie der großen Namen die kulturelle (protestantische) Elite der 1980-er und 1990-er Jahre zu versammeln – und sei es auch durch kleine und kleinste Beiträge in den beiden Zeitschriften. Dass diese Strategie natürlich auch Rückschläge erlitt, zeigen der freundlich-distanzierte Brief von Botho Strauß (S. 171) und das recht nichtssagende Statement von Michael Krüger zum Verlagsjubiläum (S. 402). Die Geschichte des Verlags bleibt noch zu schreiben; das Material liegt im Archiv und durch diesen Band bereit.

Erk, Wolfgang / Scharpe, Martin: 50 Jahre Radius-Verlag. Vom Sinn (und Unsinn) eines solchen Verlages in solcher Zeit. 1962–2012. Eine Chronik. Radius: Stuttgart 2012. 512 Seiten. ISBN 978-3-871-73950-7.
Die Rezension erschien zuerst in *Archiv für Geschichte des Buchwesens* 68, 2013, S. 221–223.

Reclam Verlag
An den Grenzen des Möglichen

Es gibt Bücher, die sind unrezensierbar. Dazu gehört das von Ingrid Sonntag herausgegebene Buch über den Leipziger Reclam-Verlag. Unrezensierbar deshalb, weil man den 544 Seiten mit 52 Beiträgen von 47 Autorinnen und Autoren auf so beschränktem Raum nicht gerecht werden kann. Aber auch unrezensierbare Bücher verdienen es, dass man auf sie gebührend aufmerksam macht.

Jeweils fast 200 Seiten der schön gestalteten Broschur nehmen »Verlagsgeschichte« und »Programm« ein, etwas über 100 Seiten das Großkapitel »Buchentstehung im Spannungsfeld zwischen Anspruch und Zensur«, den Rest vor allem das umfangreiche, hilfreiche Personenregister, durch dessen Nutzung sich viele aufschlussreiche Querbezüge ergeben.

Der Teil über die Verlagsgeschichte zeichnet den Wiederaufbau des Verlags nach 1945 nach (Karolin Schmahl, Carmen Laux), beschreibt die Koexistenz zweier Reclam-Verlage in Ost und West (Ingrid Sonntag und Carmen Laux) und porträtiert wichtige Verlagsleute aus dieser Zeit, allen voran Hans Marquardt, der von 1952 bis 1962 Cheflektor und von 1961 bis 1987 Verlagsleiter war und »in seinem Berufsleben einen pragmatischen, routinierten und ergebnisorientierten Kontakt mit dem MfS« pflegte (Ingrid Sonntag, S. 139). Aber auch Hildegard Böttcher als rechte Hand Ernst Reclams und erste Verlagsleiterin sowie Gotthold Müller, der 1947 im Einverständnis mit Reclam die Reclam Verlag GmbH in Stuttgart gegründet hatte (Carmen Laux), werden vorgestellt. Eine interessante Personalie ist der berühmte Literaturwissenschaftler Hans Mayer, der zwischen 1949 und 1963 an der Leipziger Universität lehrte. Er bildete an seinem Institut nicht nur Lektoren, Autoren, Übersetzer und Herausgeber aus, sondern war auch selbst – gegen gutes Honorar – für den Verlag als Herausgeber tätig, wurde »im deutsch-deutschen Literaturaustausch für den Verlag aktiv« und nahm »als Festredner Einfluss auf die Programmpolitik« (Ingrid Sonntag, S. 89).

Das Großkapitel über das Programm bringt Artikel über einzelne Literaturen (Frankreich und Spanien, Lateinamerika und Russland), über die »Philosophie im Kalten Krieg« (Wilhelm G. Jacobs) sowie über das Schicksal einzelner Bücher, so über Walter Benjamins *Lesezeichen* oder das erstmalige Erscheinen von Günter Grass in der DDR. Hier finden auch zwei Beiträge über die Reihengestaltung der Universalbibliothek und die »schönen Bücher« (Markus Dressen und Jan Wenzel sowie Herbert Kästner) ihren Platz.

Das »Spannungsfeld zwischen Anspruch und Zensur« wird am Beispiel von Autoren und ihren Büchern ausgeschritten. Zu nennen sind hier vor allem Stephan Hermlins *Deutsches Lesebuch* (Stephan Papst), die Erstveröffentlichung von Wolfgang Hilbigs *Stimme* (Thomas Böhme), den Heiner-Müller-Band *Müller Material* (Frank Hörnigk) und die Edition *Freiheit und Ordnung* zum 100. Geburtstag des in der DDR lange Zeit verfemten Philosophen Ernst Bloch (Ingrid Sonntag).

Neben den zahlreichen wissenschaftlich orientierten Beiträgen – die Veröffentlichung ist Teil des Forschungsprojekts »Leipziger Verlagsarchive: Reclam als Erinnerungsspeicher und Labor« – durchziehen Zeitzeugenberichte (Juergen Seuss, Jürgen Fuchs, Andreas Koziol), Erinnerungen von Autoren (Fritz Mierau, Hans-Günter Ottenberg) und ehemaligen Verlagsmitarbeitern (Helga Bergmann, Werner Creutziger, Heinfried Henniger) die Kapitel.

Bei einem umfangreichen Werk dieser Art ist es immer schwer, die Anspruchshöhe zu halten, doch sind einige Beiträge doch sehr kurz und feuilletonistisch geraten, so dass man insgesamt den roten Faden der Verlagsgeschichte manchmal zu sehr aus den Augen verliert – auch wenn Ingrid Sonntag als Hauptautorin mit zehn (Teil-)Beiträgen es immer wieder schafft, dem Ganzen eine stützende Struktur einzuziehen, so vor allem in ihrem Vorwort »Geschichte als Verlagsgeschichte«. Hier zeichnet sie die Historie des Verlags, der selbst zu DDR-Zeiten ein Privatverlag geblieben war, konzise nach. Offen nennt sie auch Themen, »die ursprünglich angedacht waren, aber aus unterschiedlichen Gründen leider keine Aufnahme gefunden haben«, so vor allem »im Bereich der Buchkunst« (S. 27).

Das Vorwort des ehemaligen Bundestagspräsidenten Wolfgang Thierse geht zwar im Kern nicht über die üblichen rhetorischen Versatzstücke hinaus, bringt aber an einer Stelle den insgesamt verdienstvollen Band auf den Punkt: »Das Buch erzählt aus unterschiedlicher Perspektive Geschichten eines kleinteiligen, zähen Kampfes gegen politische Borniertheit und ideologische Enge. So entstehen traurig-trübe und erhellend-freundliche Porträts der Akteure in ihren Verstrickungen und Erfolgen. Und dabei entsteht das Porträt eines Kapitels deutscher Geistes- und Kulturgeschichte im vergangenen Jahrhundert.« (S. 14)

Sonntag, Ingrid: An den Grenzen des Möglichen. Reclam Leipzig 1945–1991. Christoph Links Verlag: Berlin 2016. 544 Seiten. ISBN 978-3-861-53931-5.
Die Rezension erschien zuerst auf *literaturkritik.de*, Nr. 3, 2017.

Rowohlt Verlag
Rotationsroutine

Der geschickt gewählte Titel *Rowohlts Rotationsroutine* ist der Leitfaden bei der Lektüre der Studie von David Oels über den Rowohlt-Verlag vom Ende der Weimarer Republik bis in die 1950er Jahre. Die bei Erhard Schütz entstandene Berliner Dissertation ist so materialreich, dass hier nicht alle Aspekte gewürdigt werden können.

Gegliedert ist das über 400 Seiten starke Werk in fünf Kapitel. Nach der Einführung unter dem Stichwort »Rowohlt-Kultur« folgen die Verlags- und Verlegergeschichte von 1931 bis 1946, die Geschichte der Rowohlts Rotations Romane und des Taschenbuchs sowie die beiden Kapitel über frühe Bestseller des Verlags, nämlich über *Götter, Gräber und Gelehrte* von C. W. Ceram (1950) und *Der Fragebogen* von Ernst von Salomon (1951).

Liest man das Buch entlang dem Titel, so entpuppt sich die Geschichte des traditionsreichen Verlags als Geschichte der geschickten Wendungen und nicht als »Geschichte von Unterdrückung und Verfolgung sowie literarischer und persönlicher Standhaftigkeit« (S. 8) im Dritten Reich mit einem radikalen Neuanfang nach dem Zweiten Weltkrieg, wie es der Verlag zumindest bis 2008 auf der Homepage glauben machen wollte.

Im Sommer 1910 wurde der »erste Rowohlt-Verlag« mit dem Geldgeber und stillen Teilhaber Kurt Wolff im Hintergrund in das Leipziger Handelsregister eingetragen. Nachdem Ernst Rowohlt sich mit Wolff überworfen hatte, schied er 1912 aus dem Verlag aus, der fortan als Kurt Wolff Verlag firmierte. 1919 nahm Rowohlt mit dem »zweiten Rowohlt-Verlag« in Berlin die Geschäfte auf, doch trotz der Bestseller von Emil Ludwig war der Verlag im Sommer 1931 insolvent und wurde vor allem durch Beteiligungen von Mitgliedern der Ullstein-Verlegerfamilie in einer Rowohlt Verlag GmbH aufgefangen und konnte so die Geschäftstätigkeit fortsetzen. Galt Rowohlt durch Autoren wie Kurt Tucholsky, Walter Benjamin oder Erik Reger in den 1920.er Jahren als linker Verlag, so markierte die Herausgabe von Werken der nationalistischen Autoren Arnold Bronnen (seit 1930) und Ernst von Salomon (seit 1931) »die politische Neuausrichtung des Verlags« (S. 44). Befördert wurde diese Neuausrichtung, die bereits vor der Insolvenz von 1931 begonnen hatte, durch die Verbindung mit dem konservativen Ullstein-Haus, wobei die unmittelbare Einflussnahme der Ullsteins auf das Programm »nicht klar zu bestimmen« (S. 48) ist. Durch die »Arisierung« des Ullstein-Verlags 1934 gehörte Rowohlt seit diesem Jahr oder seit 1936 (die Aktenlage ist hier nicht eindeutig) zum Verlagskonglomerat um den NSDAP-Parteiverlag Franz Eher Nachfolger.

Nach 1933 verlegte Rowohlt eine Reihe von Militaria sowie Autoren, die dem neuen Regime nicht gerade feindlich gegenüberstanden. Seine Haltung charakterisiert Oels mit »indifferent bis opportunistisch« (S. 80), und so ist die Verlagsgeschichte »zu Anfang des Dritten Reichs kein Beispiel für verzweifelte Camouflage und heimlichen Widerstand gegen das Regime« (S. 85). Ökonomisch ist sie in dieser Zeit keine Erfolgsgeschichte. Das änderte sich erst im Rahmen der anziehenden Buchkonjunktur in den ersten Kriegsjahren. Verlegt wurde zunehmend Unterhaltendes, Ratgeber der verschiedenen Genres, Reisebücher und Tatsachenromane (vgl. S. 91–96 und 149–160).

Mitte 1938 wurde Ernst Rowohlt, der 1937 wohl aus taktischen Gründen Mitglied der NSDAP geworden war, aus der Reichschrifttumskammer ausgeschlossen, was einem Berufsverbot gleichkam. Die genauen Gründe bleiben im Dunkeln. Rowohlt verließ Deutschland im November des Jahrs. Kurz zuvor war er aus dem Verlag, der inzwischen von der Deutschen Verlagsanstalt (DVA) übernommen und nach Stuttgart übersiedelt worden war, ausgeschieden; sein Sohn Heinrich Maria Ledig-Rowohlt übernahm die Geschäftsführung. Der Verlag wurde wie andere im Herbst 1943 geschlossen.

Schon 1940 kehrte Rowohlt nach Deutschland zurück und trat in die Wehrmacht ein. Dort leitete er eine Dienststelle, die »für die gesamte Propaganda im Nahen Osten zuständig war« (S. 128). Mitte 1942 wurde er aus der Wehrmacht entlassen; auch hier sind die Umstände nicht eindeutig geklärt.

Um die Kontinuitäten über die zeitgeschichtlichen Marken von 1933 und 1945 hinweg hervorzuheben, überschreibt David Oels bezeichnenderweise die Aktivitäten nach Ende des Kriegs mit »Weitermachen in Stuttgart« (Gründung der Rowohlt GmbH Stuttgart durch Ledig-Rowohlt im November 1945 unter Minderheitsbeteiligung der DVA) und »Weitermachen in Hamburg« (Gründung der Rowohlt GmbH Hamburg durch Ernst Rowohlt im Mai 1946).[16] Programmatisch knüpft der Verlag u. a. mit den Memoiren des ehemaligen Reichsbankpräsidenten und NS-Ministers Hjalmar Schacht (1948) und den Schriften des rechtskonservativen Hans Zehrer (1949) an die zurückliegende Zeit an. Resümierend schreibt Oels: »Ernst Rowohlt stand [...] – abgesehen von seinen noch immer exzellenten informellen Kontakten – nicht mit ganz leeren Händen da, wenn er sein Geschäft auch keineswegs so direkt fortsetzen konnte wie sein Sohn« (S. 185). Auch hier gab es also nicht die vielzitierte Stunde Null.

Immer wieder kontrastiert Oels die Verlagsgeschichte mit der Selbstdarstellung des Verlags, vor allem mit der Publikation zur hundertjährigen Verlagsgründung.[17] Wie im Fall Bertelsmann[18] lässt sich auch Rowohlts Selbstdarstellung als von den Nationalsozialisten bedrängter und verfolgter Verlag angesichts der historischen Fakten nicht halten. Es ist keine Geschichte von Widerstand im Dritten Reich und radikalem Neuanfang nach Ende des Zweiten Weltkriegs, sondern eine Geschichte von Kontinuitäten.

Neben dieser großflächigen These von den Kontinuitäten statt Brüchen in der Verlagsgeschichte – Oels nennt die Selbstdarstellung des

---

[16] Nach dem Ausscheiden der DVA aus dem Stuttgarter Unternehmen existierten beide Verlage bei identischer Gesellschafterstruktur (S. 180) und identischer Geschäftsführung als parallele Unternehmen. 1950 siedelte der Stuttgarter Verlag nach Hamburg.

[17] Gieselbusch, Hermann u. a.: 100 Jahre Rowohlt. Eine illustrierte Chronik. Reinbek 2008.

[18] Friedländer, Saul u. a.: Bertelsmann im Dritten Reich. München 2002. Verweis auf Rezension in diesem Band

Verlags eine »Zurichtung der eigenen Vergangenheit« – vereint die umfangreiche Schrift im Grund drei weitere Studien: zur Entstehungsgeschichte des Taschenbuchs in Deutschland, zur Entwicklung des Sach-
buchs und zu Ernst von Salomons autobiografischem Roman *Der Fragebogen* (1951), der den »verlagsgeschichtlichen Rowohlt-Mythos« befestig-
te und seither »die Selbstdarstellung des Unternehmens« prägt (S. 357).[19]

Ist das kurze Kapitel über den *Fragebogen* (S. 355–379) doch eher Ro-
wohlt-spezifisch interessant, so gehen die beiden anderen Studien weit
über die Verlagsgeschichte hinaus und sind wichtige Beiträge zu Gegen-
ständen der buch- und medienwissenschaftlichen Forschung.

Im Kapitel über C. W. Ceram (mit bürgerlichem Namen Kurt W. Ma-
rek) schildert Oels eingehend die Entstehungsgeschichte sowie den verlegerischen und literarischen Kontext, in dem der Bestseller steht, der im
Rowohlt-Verlag eigentümerlicherweise keine Nachfolger hatte (S. 354),
jedoch »schulbildend [war] wie kaum ein anderes Buch im Nachkriegs-
deutschland« (S. 266). Der riesige Erfolg – bis 1999 betrug die Weltaufla-
ge knapp fünf Millionen Exemplare – beruht darauf, dass Ceram »Wissenschaft und Populärkultur vereinte – als Literatur« (S. 354). Von einem
»geplanten Erfolg« (S. 267–276) zu sprechen, erscheint allerdings etwas
gewagt. Dazu sind die erwähnten Elemente der Planung doch zu unspe-
zifisch. Hier verwendet Oels auch entgegen seiner sonstigen Gepflogen-
heit zu unkritisch Quellen, zum Beispiel, wenn er die ›Marktforschung‹
Cerams zitiert (S. 272). Tatsache bleibt, dass Ceram mit seinem für die
damalige Zeit teuren Buch[20] dem Verlag das finanzielle Überleben sicher-
te.

Im Kapitel über Rowohlts-Rotations-Romane beschreibt Oels zunächst den Kontext der verlegerischen Entstehung dieser 25 zwischen

---

[19] Ernst von Salomon (1902–1972) gehörte zum Kreis der rechten Fememörder, die 1922 den
deutschen Außenminister Walther Rathenau erschossen. Bis 1953 wurden nach Verlagsan-
gaben 236.000 Exemplare verkauft (S. 361).

[20] Für den Ladenpreis von 18 DM erhielt man zum Zeitpunkt des Erscheinens des Buchs 40
Kilogramm Brot (S. 259). Dem entspräche ein heutiger Ladenpreis von deutlich über 100
Euro.

1946 und 1949 erschienenen Romane im »Zeitungsformat« – das exakte
Format erfährt man nicht[21] – und schildert detailliert die Vorläufer dieser
Publikationsform im Frontbuchhandel des Dritten Reichs. Wie nicht
überall in der Taschenbuchforschung zu finden, grenzt er dann explizit
diese Form von den ab 1950 erscheinenden Rowohlt-Taschenbüchern ab:
»In Herstellung und Ausstattung sind die frühen rororo-Taschenbücher,
bis auf den Rotationsdruck, der schon seit Jahrzehnten auch für den
Buchdruck verwendet wurde und dessen Nutzung 1946 kaum die ›verlegerisch einmalig kühne Tat‹ war, gerade keine Fortsetzung der Zei-
tungsromane. Neben dem Taschenformat gehörten zu deren Charakteris-
tika vielmehr eine haltbare Klebebindung, das Lumbeckverfahren, und
der sogenannte ›Leinenrücken‹, der ebenfalls die Haltbarkeit verbesserte
und gleichzeitig an ein gebundenes Buch erinnerte.« (S. 205). Gleichwohl
bereiteten die Rotationsromane den Boden für den Erfolg der Taschenbücher, indem sie »dem ›bildungsbürgerlichen‹ [...] Leser [...] die einver-
ständige Gewissheit, trotz Massenauflage eine Lektüre vor sich zu haben,
die Teilhabe an Kultur im emphatischen Sinne ermöglichte« (S. 221). Sie
prägten damit »die Rezeptionsbedingungen für massenhaft verbreitete,
industriell gefertigte Literatur« (ebd.). Mit den ersten vier Titeln, die am
17. Juni 1950 erschienen, begann der Siegeszug der Publikationsform
Taschenbuch. Und schon bald begannen andere deutsche Verleger mit
eigenen Taschenbuchprogrammen nachzuziehen.

  David Oels hat mit seinem Buch über die Rowohlt-Verlagsgeschichte
von der Weimarer Republik bis zum Beginn der Bonner Republik ein

---

[21] Laut Patrick Rössler (Rowohlts Rotationsdrucke im Zeitungsformat. Eine kommentierte
Bibliographie. In: »Macht unsre Bücher billiger!« Die Anfänge des deutschen Taschenbuchs
1946 bis 1963. Bremen: Temmen, S. 128–131) betrug das Format zunächst ca. 28 x 38 cm, ab
März 1949 dann 23 x 31 cm. Die gängige pauschale Rede vom »Zeitungsformat« sollte
überdacht werden, denn die derzeit üblichen Formate reichen vom Nordischen Format mit
ca. 40 x 60 cm (*Süddeutsche Zeitung* und *Frankfurter Allgemeine Zeitung*) über das Rheinische
Format mit ca. 35 x 51 cm (*Stuttgarter Zeitung*) und das Berliner Format mit ca. 32 x 47 cm
(*TAZ*) bis zu den Tabloids im halben Nordischen Format mit ca. 24 x 32 cm (*Welt kompakt*).
Das heißt, die Rotationsromane wurden in einem dem Tabloid-Format vergleichbaren
Format gedruckt, einem in Deutschland seinerzeit unüblichen Zeitungsformat.

eindrucksvolles, enorm materialreiches Werk vorgelegt, das auf einem immensen Quellenstudium beruht, obwohl oder vielleicht gerade weil große Teil des Rowohlt-Archivs bei einem Brand im Jahr 1970 verloren ging. Mit vornehmem Understatement schreibt er in der Einleitung, Gegenstand dieser (Teil-)Geschichte eines der prägenden Verlage der Buchbranche nach dem Zweiten Weltkrieg seien »die Markterfolge eines sich als eine Art ›Kulturverlag‹ verstehenden Unternehmens in einem begrenzten Zeitraum, die daran Beteiligten in- und außerhalb des Verlags sowie das kulturelle und mit Abstrichen auch das (literatur-)politische Umfeld« (S. 36).

Die fast 1500 Fußnoten sind den Konventionen einer wissenschaftlichen Qualifikationsschrift geschuldet; einer Publikation für die interessierte (Branchen-)Öffentlichkeit hätte die eine oder andere Kürzung nicht geschadet.

Oels, David: Rowohlts Rotationsroutine. Markterfolge und Modernisierung eines Buchverlags vom Ende der Weimarer Republik bis in die fünfziger Jahre. Klartext Verlag: Essen 2013. 439 Seiten. ISBN 978-3-837-50281-7.
Die Rezension erschien zuerst auf *IASL online*, 20.01.2015.

Carl Schünemann Verlag

Das Bremer Druck- und Verlagshaus

Eingerahmt von den Porträts der heutigen Vertreter der Familie Schünemann (S. 2) und deren Dank an alle, die zum Jubiläumsband beigetragen haben (S. 244f.) beschreibt die Journalistin Lydia Niehoff die Geschichte des traditionsreichen Hauses und gliedert den Band nach den sieben Generationen der Familie (S. 220f.). Niehoff veröffentlichte bereits mehrere Firmengeschichten von Bremer Unternehmen und Organisationen.

Carl Heinrich Schünemann (1780–1835) erwarb 1809 eine Vegesacker Spielkartenfabrik. Am 14. Februar 1810 genehmigte der Bremer Senat die Gründung einer Firma mit dem ausschließlichen Unternehmenszweck der Produktion von Spielkarten; dieser Tag gilt als Gründungsdatum des Hauses Carl Schünemann. Da nur vier Drucker in Bremen das Patent als Buchdrucker hatten, assoziierte sich Schünemann zwei Jahre später mit Simon Ernsting und betrieb mit ihm fortan als Mehrheitsgesellschafter eine Buchdruckerei, die aus rechtlichen Gründen zunächst als Ernsting'sche Druckerei firmieren musste, bevor sie unter Schünemanns Namen arbeiten konnte. In den Anfangsjahren wurden neben dem Bremer Adressbuch Bibeln, Sachbücher und volkstümliche Dichtung gedruckt.

1829 erhielt Schünemann die Genehmigung, auch eine Sortimentsbuchhandlung zu betreiben. Nach dem Tod des Gründers 1835 übernahm dessen Sohn Gustav Bernhard (1815–1865) die Führung des Unternehmens; das Programm wurde breiter und bunter: »Der Inhaber betrieb sein Verlagsgeschäft nach kaufmännischen Gesichtspunkten.« (S. 48) Wichtigster Umsatzträger war der Auftragsdruck sowie der Druck von eigenen Zeitungen und Zeitschriften, darunter seit 1844 die *Weser-Zeitung* (bis 1917; S. 77–79), die sich zu einer überregionalen Tageszeitung entwickelte, in den 1850-er und 1860-er Jahren die *Bremer Handelszeitung* und seit 1870 die *Bremer Nachrichten* (S. 82f.). Die buchverlegerischen Aktivitäten wurden erst von der dritten Generation unter Carl Eduard Schünemann I (1855–1921) forciert. Neben zahlreichen Bremensien erschienen im Umkreis der Heimatzeitschrift *Niedersachsen* Autoren wie Hans Leip, Hermann Löns und Hermann Claudius. Für Illustrationen konnten u. a. Otto Modersohn und Heinrich Vogeler gewonnen werden. Nach dem Ersten Weltkrieg wurden »wohlfeile Ausgaben« der Heimatliteratur in Millionenauflage verkauft, so in den 1930-er Jahren allein vier Millionen. Als Carl Eduard Schünemann, der das Unternehmen seit 1885 allein führte, 1921 starb und seine beiden Söhne Carl Eduard Schünemann II (1894–1980) und Walther Schünemann (1896–1974) in vierter Generation die Leitung übernahmen, gehörten zum Firmenimperium »die Verlagsbuchhandlung, Buchdruckerei, Buchbinderei, fotochemigrafische Anstalt, Xylografie, Galvanoplastik, Stereotypie sowie der Verlag der *Bremer Nachrichten*, der Halbmonatszeitschrift *Niedersachsen* und des Bremer Adressbuches« (S. 110).

Zwar sah der jüngere der beiden Brüder, Walther Schünemann, »seinen beruflichen Schwerpunkt in der Förderung des Buchverlags« (S. 111), doch sind die Ausführungen der Autorin dazu rudimentär, und die Behauptung, der Verlag habe sich »zu einem Umschlagplatz internationalen Schriftgutes« (S. 134) entwickelt, bleibt ohne Beleg. Neben Ricarda Huch, die mit *einem* Werk im Verlag vertreten war, ist Manfred Hausmann der einzige Autor von einiger Berühmtheit. Ob von einer »Millionenauflage« (S. 133) die Rede sein kann, sei bezweifelt. Der Buchverlag wurde 1936 von den Nationalsozialisten rechtlich abgetrennt. Mit 25 Mitarbeitern und 164 lieferbaren Titeln im Jahr 1939 war er im Vergleich zum Zeitungsverlag und den Druckereien sicher von geringem ökonomischem Gewicht: Die Gesamtzahl der Mitarbeiter hatte 1933, dem Jahr der Machtergreifung Hitlers, 700 betragen. Wie bei vielen Verlagen wurde auch das Lager des Schünemann Verlags in Leipzig 1943 vernichtet. Im Sommer 1944 wurde der Verlag geschlossen.

Wie andere Presseverlage wurde auch Schünemann im Dritten Reich gleichgeschaltet. 1936 übernahm die Vera Verlagsanstalt GmbH, eine Tochterfirma des nationalsozialistischen Zentralverlags Franz Eher Nachfolger, rund 63 Prozent der neu gegründeten Carl Ed. Schünemann KG. Zwar war Carl Eduard Schünemann II persönlich haftender Gesellschafter, hatte aber keinerlei redaktionelle Befugnisse mehr. 1944 wurden die *Bremer Nachrichten* mit der *Bremer Nationalsozialistischen Zeitung* zusammengelegt.

Kurz nach dem Einmarsch der britischen Truppen am 26./27. April 1945 wurde die Firma unter britische Treuhänderschaft gestellt. Die unter schweren Kriegsschäden leidende Druckerei nahm den Betrieb wieder auf und produzierte unter anderem die im September 1945 gegründete Tageszeitung *Weser-Kurier*. Nach dem Entnazifizierungsverfahren erhielten die Brüder Schünemann den Betrieb am 1. Januar 1949 zurück und brachten im September des Jahrs die erste Nachkriegsausgabe der *Bremer Nachrichten* heraus. Langwierige Rechtsstreitigkeiten um die Rückerstattung der auf den Verlag Eher übertragenen Kommanditanteile und um Entschädigung für den Druck des *Weser-Kuriers* zwischen 1945 und 1949 zogen sich bis 1962 hin und endeten jeweils mit einem Vergleich.

Auch der Buchverlag stand unter treuhänderischer Verwaltung und nahm die Buchproduktion Ende 1946 wieder auf. Walther Schünemann wurde wegen seiner Tätigkeit im Dritten Reich eine Lizenz verweigert, sodass der Verlagsleiter Max Ostertag die Geschäfte führte. Nach Ende dieser Einschränkungen erschien Ende 1949 der erste Nachkriegskatalog mit 22 Neuerscheinungen und Neuauflagen. Programmsegmente waren literarische Werke von Vorkriegsautoren, Unterhaltungsliteratur (z. B. Marga Berck), geisteswissenschaftliche Reihen, Bremensien sowie Schriften und Jahresberichte von verschiedenen Organisationen und Behörden. Firmenrechtlich wurde der Verlag 1952 in eine offene Handelsgesellschaft überführt. Gesellschafter waren neben Walther Schünemann sein Bruder Carl Eduard Schünemann II; zwei Jahre später kamen dessen Sohn Carl Eduard Schünemann III sowie dessen Neffe Carl Fritz Schünemann hinzu.

1952 entstand durch Fusion mit dem Bielefelder Verlag Eilers (S. 165) die Eilers & Schünemann Verlagsgesellschaft, die neben wissenschaftlichen und pädagogischen Schriften Unterrichtsmittel für den Fremdsprachenunterricht veröffentlichte. Auch wurde der Buchverlagsbereich 1955 durch den Kauf der seit 1937 bestehenden *Sammlung Dietrich* gestärkt, die zur Zeit der deutschen Teilung als Parallelverlag koexistierte; 1982 verkaufte Schünemann die rund 400 klassische und kulturgeschichtliche Titel umfassende Sammlung an die in Mainz wiederbegründete Dieterich'sche Verlagsbuchhandlung. In den 1960-er Jahren wurden die Bremensien stark ausgebaut, ein Kunstverlag (kein Kunst*buch*verlag) mit Repliken (»Dietz-Repliken«) installiert und 1969 der Carl Schünemann Universitätsverlag gegründet. Mit dem Verkauf der *Bremer Nachrichten* an den Verlag des *Weser-Kuriers* im Jahr 1974 endete die über 200-jährige Geschichte des Blatts, und Schünemann zog sich aus dem Zeitungsgeschäft zurück.

Die sechste und siebte Generation der Familie (Hermann Schünemann, geb. 1963, und Julia Kracht-Schünemann, geb. 1978) fokussiert das stark geschrumpfte Traditionsunternehmen auf den Buchverlag (Bremensien für Kinder und Erwachsene), den Kunstverlag (ein »niveauvolles Kunst- und Designversandhaus«, S. 197), den Sprachzeitungsverlag und den Zeitschriftenverlag, dessen Angebotspalette von der *Wirtschaft in Bremen* bis zum *ModellFan. Internationales Magazin für Modellbau* reicht.

Eingebettet in die Lokalhistorie Bremens erzählt die Autorin die Geschichte des Hauses farbig, in epischer Breite und durchaus detailverliebt (»Allerdings lag die Toilette […] ganz hinten auf dem Grundstück«, S. 43). Oft überlagern die allgemein-historischen Darstellungen (z. B. S. 59–62; 64–66; 100–103; 112–115), Beschreibungen der technischen Ausstattung der Betriebe (z. B. S. 80f.; 83–86; 97f.; 116–123; 157f.; 168f.) oder die Ausführungen zur Erweiterung des Immobilienbesitzes (z. B. S. 75f. und 88–93; 123–127; 171–174) die verlagsspezifischen Aspekte. Auch ein Exkurs zur Geschichte des Druckwesens in Bremen fehlt nicht. Die über 500 Anmerkungen und das umfangreiche Quellenverzeichnis belegen die akribische Recherche der Autorin.

Zwei zentrale Kritikpunkte sind festzuhalten. Erstens zeigt sich hier erneut die Crux der Verlagsgeschichtsschreibung als Auftragsarbeit (vgl. Estermann 2007, S. 217): Im Grund handelt es sich bei dem sorgfältig ausgestatteten Band mit über 250 schwarz-weißen und farbigen Abbildungen um eine Werbeschrift für ein Traditionsunternehmen, das seine große Zeit längst hinter sich hat. Dabei werden die Eigentümergenerationen durchweg glorifiziert. Eine kritische Analyse findet nicht einmal in

Ansätzen statt. Zweitens sind die für den Buchwissenschaftler interessan-
ten Ausführungen zum Buchverlagsbereich deutlich unpräziser und
oberflächlicher als die zum Zeitungs- und Zeitschriftenbereich. Bezeich-
nend dafür ist, dass dort zwar immer wieder Verkaufszahlen aufgeführt
sind, für die Buchpublikationen aber keine (oder nur pauschale) Angaben gemacht werden. Auch erschöpft sich die Darstellung der Programmarbeit oft in einer schlichten Reihung von Buchtiteln. Dass die
Passagen zur *Sammlung Dieterich* widersprüchlich sind, bestätigt nur den
Eindruck. So liest man einerseits, dass »der Verlag Schünemann im Jahre
1993 aus wirtschaftlichen und ästhetischen Gründen seine Rechte« an das
Leipziger Verlagshaus abtrat (S. 184), andererseits spricht die Autorin
wenige Seiten später vom (sachlich korrekten) »Verkauf der Sammlung
Dieterich im Jahre 1982« an die Dieterich'sche Verlagsbuchhandlung
(S. 194).

Niehoff, Lydia: 200 Jahre Schünemann. Die Geschichte des Bremer Druck- und Verlagshauses Carl Ed. Schünemann KG. 1810–2010. Carl Schünemann: Bremen 2010. 247 Seiten. ISBN
978-3-796-11961-3.
Die Rezension erschien zuerst in *Archiv für Geschichte des Buchwesens* 68, 2013, S. 223f.

Schwabe Verlag

525 Jahre Druck- und Verlagsgeschichte in Basel

Die Schwabe-Jubiläumsschrift zeichnet sich in Ausstattung und Gestaltung durch einen hohen Aufwand aus und ist auf den ersten Blick als Festschrift mit entsprechendem Werbecharakter zu erkennen. Bindungstechnisch liegt ein Halbleinenband ohne Schutzumschlag vor, der von einem an beiden Längsseiten – in der Fertigung zu eng geratenen – offenen Schuber umschlossen wird. Dort sind Titel, werblicher Kurztext und der klassische Rückseitentext aufgedruckt. Vor- und Nachsatz sind mit dem Stadtplan von Basel und einer Fabrikansicht bedruckt. Im Innenteil sind zur Hervorhebung viele Seiten auf einen hellbraunen Fond gestellt. Die etwas mehr als 300 Abbildungen – die modernen vierfarbig – sowie ein Leseband komplettieren den Eindruck eines hochwertig gestalteten und produzierten Buchs.

Inhaltlich ist der Band in neun »Stationen« unterteilt, die den verschiedenen Firmensitzen in der langen Geschichte des Unternehmens entsprechen. Der umfangreiche Text von Corina Lanfranchi wird durch zwölf Gastbeiträge (darunter Wulf D. von Lucius mit einem »Lob der schweizerischen Buchkunst«) ergänzt und um interessante Einzelaspekte vertieft: z. B. über den Basler Buchdruck von 1500 bis 1700 (Urs B. Leu), über Nachschlagewerke in der Schweiz des 17. und 18. Jahrhunderts (Marco Jorio) und über die Entwicklung vom Bleisatz bis zum E-Publishing (Ruedi Bienz und Michael Düblin). Die Bildunterschriften bezeichnen nicht nur das Abgebildete, sondern geben in vielen Fällen umfangreiche Zusatzinformationen. Schließlich belegen fast 200 Anmerkungen die Auseinandersetzung mit den Quellen. Stilistisch ist die Variationsbreite groß und reicht vom im positiven Sinn feuilletonistischen Erzählton der Hauptautorin bis zur wissenschaftlichen Diktion einiger Beiträger.

Die lange Geschichte des Unternehmens, das sich selbst als »das älteste heute noch bestehende Verlagshaus der Welt« (S. 12) bezeichnet, kann nur gerafft wiedergegeben werden. Sie ist in einer Zeittafel (S. 413–416) zusammengefasst. Das Werk basiert auf der über 2000 Seiten starken wissenschaftlichen Darstellung der Verlagsgeschichte durch Frank Hieronymus[22]. 1488 gründete der Drucker Johannes Petri einen Verlag, der bis Mitte des 17. Jahrhunderts in Familienbesitz blieb. Schwerpunkte des Programms waren Theologie und Medizin; größter buchhändlerischer Erfolg die *Cosmographia* von Sebastian Münster (1544). 1665 übernahm Jacob Bertsche die Firma, die nach mehreren Besitzerwechseln 1766 in die Schweigerhauserische Verlagsbuchhandlung überging und 1868 nach weiteren Transaktionen an Benno Schwabe verkauft wurde. Bis 1996 führte die Familie in vier Generationen das Unternehmen, bevor die Aktienmehrheit 1996 an zwei leitende Angestellte überging. Seit 2007 ist einer der beiden, Hans Rudolf Bienz, Alleininhaber der Schwabe AG, die heute sechs Geschäftsbereiche hat: den Verlag, den Imprintverlag Johannes Petri für Belletristik und Regionalia, den Schweizerischen Ärzteverlag EHM (ein Gemeinschaftsunternehmen mit der Verbindung der Schweizer Ärztinnen und Ärzte FHM), die Druckerei, Schwabe Informatik (ein Dienstleister für digitale Medien) und die Buchhandlung Das Narrenschiff (seit 2000). Damit ist Schwabe eines der letzten Unternehmen der Buchbranche, das Verlag, Druck und Buchhandel unter einem Dach vereinigt. Wie die Firmenaktivitäten ist auch das Programm breit gefächert. Schwerpunkt ist der Wissenschaftsverlag mit Medizin und Geisteswissenschaften (darunter das *Historische Wörterbuch der Philosophie*, 1971–2007), doch nicht erst in jüngster Zeit wird Fiktionales verlegt: Robert Walsers Aphorismen (1944), vier Theaterstücke Max Frischs (1946–1949) und der Erstling von Friedrich Dürrenmatt (1947) erscheinen in der *Sammlung Klosterberg.*

---

[22] Hieronymus, Frank: 1488 Petri – Schwabe 1988. Eine traditionsreiche Basler Offizin im Spiegel ihrer frühen Drucke. 2 Bde. Basel 1997.

Wer eine wissenschaftliche Verlagsgeschichte erwartet hat, wird enttäuscht sein. Dem Charakter einer Festschrift entsprechend fehlt jede
kritische Perspektive. Ziel des aufwendigen Bands ist es vielmehr, die
lange Verlagsgeschichte »in leicht lesbare Geschichten zu verpacken,
besondere Begebenheiten, amüsante, ernste, heitere Episoden zu erzäh-
len und den Weg des Unternehmens [...] verlegerisch nachzuzeichnen«
(S. 9). Diesem Anspruch wird das Buch gerecht, denn Erzählstil, Materi-
alfülle (einschließlich der Gastbeiträge) und die Abbildungen machen
den Band im besten Sinn zu einem populärwissenschaftlichen Buch.

Lanfranchi, Corina: Gut zum Druck! Streifzüge durch 525 Jahre Druck- und Verlagsgeschichte in Basel. Schwabe: Basel 2013. 432 Seiten. ISBN 978-3-796-52917-7.
Die Rezension erschien zuerst in *Archiv für Geschichte des Buchwesens* 69, 2014, S. 264f.

Südverlag
Die Anfangsjahre

Manfred Bosch beschreibt die Anfangsjahre des Südverlags in Konstanz. Die Festschrift ist eine Auftragsarbeit und erscheint als laminierter Pappband. Der Band basiert auf dem Verlagsarchiv und dem Privatarchiv von Brigitte Weyl, der Tochter des Verlagsgründers.

Johannes Weyl (1904–1989), ein ehemaliger leitender Ullstein-Mitarbeiter, erhielt am 5. Mai 1946 von den französischen Besatzungsbehörden die Lizenz für den Südverlag in Konstanz. An eine ausführliche Biografie des Verlagsgründers schließen sich im ersten Kapitel Kurzbiografien der wichtigsten Mitarbeiter an, darunter die von Ludwig Emanuel Reindl (S. 54), des Leiters der literarischen Abteilung des Verlags sowie der Kulturredaktion des *Südkuriers*, einer Tageszeitung, die Weyl parallel zum Buchverlag gegründet hatte.

Das zweite Kapitel beschreibt die auf neun Bändchen beschränkte Reihe *Schriften des Südverlags* (Autoren u. a. Karl Jaspers und Eduard Spranger), insbesondere aber die zwei literarischen Zeitschriften *Die Erzählung* und *Vision*. Beide wurden 1947 gegründet, beide überlebten das Zeitschriftensterben im Jahr 1950 nicht. Die 46 Nummern der *Erzählung* bezogen ihr literarisches Profil von Schriftstellern aus dem Umkreis der Inneren Emigration (u. a. Werner Bergengruen, Otto Flake, Ricarda Huch), von fremdsprachigen, vorwiegend französischen und englischsprachigen Autoren (u. a. Antoine de Saint-Exupéry, Somerset Maugham, André Maurois) und von Autoren des Exils (u. a. Bruno Adler, Oskar Maria Graf Thomas Mann, René Schickele). Für den Verlag war die Zeitschrift auch ökonomisch wichtig. Die wegen der Papierkontingentierung gedeckelte Auflage von 50.000 (bei 200.000 Bestellungen, S. 134f.) brachte rasch rückfließende Erlöse und stützte das im Aufbau befindliche

Buchgeschäft, das mit einem deutlich langsameren return on investment rechnen musste.

Im Unterschied zur rein literarischen Zeitschrift *Die Erzählung* brachte die Zeitschrift *Vision* neben Werken der Dichtkunst vor allem Beiträge aus Philosophie und Psychologie, aus Geschichte und Politik, aus Naturwissenschaften und Geistesgeschichte. Doch erstaunlicherweise nennt Bosch als konkrete Beispiele überwiegend literarische Beiträge von Lessing, Büchner, Platen, Rückert oder Ernst Jünger. Die ökonomische Bedeutung für den Verlag war bei einer Auflage von zunächst 10.000 Exemplaren (später 5000) deutlich geringer als die der *Erzählung*. Nach fünf Heften wurde die herstellerisch anspruchsvolle und entsprechend teure Zeitschrift eingestellt.

Neben diesen beiden Zeitschriften erschienen ferner *Die Landpost* und *Das kleine Modenheft*, wozu aber nähere Ausführungen fehlen. Etwas kurios erscheint, dass eine Zeitschrift, der *Briefmarkenzeiger*, aufgeführt wird, von der Bosch mitteilt, dass »sich im Verlagsarchiv weder ein Belegexemplar noch einschlägige Korrespondenz erhalten [hat]. Bisher ist nicht einmal sicher, ob überhaupt Nummern erschienen sind« (S. 123f.).

Der bei weitem umfangreichste Teil des Buchs ist mit »Die Autoren und ihre Bücher« (S. 167–339) überschrieben. Insgesamt werden neunzehn Autoren abgehandelt und ihre spezifischen Bezüge zum Südverlag beschrieben. Darunter sind zwar literaturgeschichtlich wichtige Autoren wie Gottfried Benn, den der Verleger aber nicht als Autor gewinnen konnte, und Karl Krolow, von dem er 1948 den schmalen Band *Gedichte* veröffentlichte. Doch in der Regel handelt es sich um poetae minores wie Paul Alverdes, Friedrich Rasche oder René Gerhard, um Sachbuchautoren, Herausgeber oder Übersetzer.

Das bemerkenswerteste Buch des Verlags dürfte Viktor Manns *Wir waren fünf* sein, die Geschichte der Familie Mann aus der Sicht des jüngeren Bruders von Heinrich und Thomas Mann. Der Titel erschien im Spätjahr 1949, ein halbes Jahr nach dem Tod des Autors. Die Druckauflage von 10.000 Exemplaren reichte bis in die 1950er und 1960er Jahre. Lizenzen wurden in die DDR (um 1960), als Übersetzungen nach Ungarn (1977) und in die Niederlande (2003) sowie für Taschenbuch- bzw. Buchgemeinschaftsausgaben 1964 an Fischer und die Deutschen Buchgemeinschaft vergeben. 2006 erschien eine broschierte Ausgabe im Konstanzer Universitäts-Verlag (UVK), der wie der heutige Südverlag zur Verlagsgruppe Südverlag-Gesellschaft gehört.

Über die bereits erwähnten Autoren hinaus werden Stephan Lackner, Gerhard Masur, Otto Zoff, Elise Dosenheimer, E. O. Plauen, Friedrich Bischoff, Mine Corinth, Marion Einwächter, Ruth von Ostau, Max Rieple, Albrecht Schenhals und Pamela Wedekind porträtiert. Die Beiträge sind stark biografisch angelegt und ähneln Kürzestmonografien zu den Autoren, worüber der spezifische Bezug zum Verlag leider zu oft in den Hintergrund tritt. Selten werden Dokumente zitiert wie das Lektoratsgutachten zu Mine Corinths *Sechs Jahre lang* (S. 279f.). Positiv sind die Darstellungen zum Umgang mit der französischen Genehmigungsbehörde, der Division de l'Éducation, zur Rezeption der Werke sowie die Nennung von Auflagen- und Verkaufszahlen zu erwähnen.

Die Produktion des Verlags (52 Titel zwischen 1945 und 1951, S. 397–399) kam 1951 zum Erliegen, zum einen aus wirtschaftlichen Gründen im Gefolge der Währungsreform, zum anderen, weil Johannes Weyl nach der Rückübertragung der Tageszeitung *Südkurier* an ihn »dem Ausbau der Zeitung vor dem Buchverlag Priorität« (S. 352) einräumte. Das Programm ist durch eine eigenartige Konturlosigkeit mit vielen Ein-Buch-Autoren charakterisiert. Ausgerechnet der dem Nationalsozialismus nahestehende Paul Alverdes war mit fünf Titeln der am häufigste verlegte Autor.

Die Dokumentation »Geplant und genehmigt, aber nicht erschienen« (S. 367–393) ist sehr verdienstvoll, zeigt sie doch, dass auf eine Publikation mehr als vier nicht erschienene Werke kommen. Detailliert listet Bosch »Titel, für die vom Gouvernement militaire Lizenzen erteilt wurden« (60), »Nicht erfüllte Autorenverträge« (61), »In Vorbereitung, jedoch nicht erschienen« (17), »Geplante bzw. abgebrochene Reihen« (16) und »Geplante, jedoch nicht verwirklichte Titel und Projekte« auf. Hier sind 85 Autoren, Zeitschriften und Anthologien genannt (mit einigen Doppelungen zu den vorhergehenden Listen). Eigenartigerweise fehlt der Name Benn, obwohl im entsprechenden Abschnitt ausführlich über die vergeblichen Versuche Weyls berichtet wird, die *Statischen Gedichte* in Verlag zu nehmen.

Die Gesamtdarstellung wird durch eine kurze Beschreibung der weiteren buchverlegerischen Aktivitäten Johannes Weyls abgerundet. Zusammen mit Theodor Martens und Diedrich Kenneweg gründete er 1952 den Südverlag München-Konstanz GmbH, der Fortsetzungsromane der Illustrierten *Quick* als Buch herausbrachte (S. 401f.). Nach rund dreißig Titeln beschloss die Gesellschafterversammlung 1958 die Auflösung des Verlags. Der regional geprägte Verlag Rosgarten wurde 1981 von einem der Mitgründer, Herbert Friedrich, übernommen und bis 1991 fortgeführt. Heute versteht sich der Südverlag als Publikumsverlag mit belletristischen und historischen Regionalia sowie erlebter Zeitgeschichte.

Kurzbiografien der handelnden Personen, ein Literaturverzeichnis sowie ein Personenregister ergänzen die ergiebigen dokumentarischen Bestandteile des Buchs.

Die Geschichte des Südverlags unmittelbar nach dem Zweiten Weltkrieg ist zeitgeschichtlich sicher interessant, buchverlagsgeschichtlich eher eine Marginalie. Inhaltlich störend ist der fast ausschließlich biografisch-erzählerische Ansatz, der oft weit zurückgreift und die Verlagsbezüge dabei aus den Augen verliert. Formal störend ist die Positionierung der Anmerkungen im Anschluss an die jeweiligen Kapiteltexte, eine Praxis, die eher bei wissenschaftlichen Sammelwerken üblich ist (und auch dort den Lesefluss stört).

Bosch, Manfred: Zeit der schönen Not. Die Anfangsjahre des Südverlags in Konstanz 1945 bis 1952. UVK: Konstanz 2009. 432 Seiten. ISBN 978-3-86764-6.
Die Rezension erschien zuerst in *Archiv für Geschichte des Buchwesens* 67, 2012, S. 223f.

Suhrkamp Verlag
Chronik 1970

Siegfried Unseld hat seine Tätigkeit als Suhrkamp-Verleger zwischen 1970 und Anfang 2002 ausführlich dokumentiert. Der erste Band dieser gewaltigen, von Unseld selbst mit Berufung auf keinen Geringeren als Johann Wolfgang von Goethe[23] so genannten *Chronik* ist 2010 erschienen, der zweite für Mitte 2012 angekündigt. Er enthält Berichte (zu ihrer Kommunikationsfunktion siehe S. 385–387) von den vielen Reisen Unselds, ausführliche Zusammenfassungen der Buchmessegespräche sowie tagebuchartige Aufzeichnungen, »die Arbeitsabläufe, Diskussionen, Entscheidungen im und um die Verlage Suhrkamp und Insel schriftlich […] dokumentieren« (S. 389) und die Unseld durch Anlagen ergänzte; eine Auswahl daraus ist jeweils am Ende eines Monats faksimiliert wiedergegeben.

Neben Kontakten zu Autoren und deren Erben, zu ausländischen Verlagen, zu Buchhändlern, zur Presse sowie zu Geldgebern (einschließlich der Suche nach weiteren Investoren über die Winterthurer Brüder Reinhart hinaus) und Banken geht es u. a. um die Pläne zur Gründung eines Buchklubs zusammen mit anderen literarischen Verlagen, um die Steuerung des Nomos-Verlags (der seit 1963 zur Verlagsgruppe gehörte), juristische Auseinandersetzungen, interne Diskussionen (wie die um das *Kursbuch*) und ökonomische Einzelmaßnahmen (wie die Preiserhöhung für die *Edition Suhrkamp*). Aber auch ein Eintrag, dass das Fußballspiel

---

[23] Das Motto der *Chronik* stammt aus Goethes *Maximen und Reflexionen*: »Eine Chronik schreibt nur derjenige, dem die Gegenwart wichtig ist.« In der Handschrift Unselds ziert es als Faksimile den Schutzumschlag des Bandes.

Suhrkamp gegen Luchterhand mit 1 : 3 verloren ging, und Unseld durch Krankheit verhindert war, fehlt nicht.

Selbstverständlich handelt es sich bei dieser Publikation nicht um eine Verlagsgeschichte[24]. Mit diesem typografisch und herstellerisch qualitätsvollen Band liegt eine Quellenedition vor, die vorzüglich und ausführlichst kommentiert ist.

Verlagsgeschichtlich über den Suhrkamp Verlag hinaus ist darin die *Chronik eines Konflikts* (S. 22–96) interessant, in der Unseld die Auseinandersetzungen um eine Lektoratsversammlung aus seiner Sicht darstellt – Auseinandersetzungen, die schließlich zur Gründung des Verlags der Autoren führten.

Nach den Turbulenzen auf der Frankfurter Buchmesse (dazu Unselds *Bericht über die Vorgänge auf der Buchmesse 1968*; S. 16–21) schrieben neun Lektoren am 27. September 1968 einen zweiseitigen Brief an den Verleger. In dem anliegenden Entwurf einer Lektoratsverfassung forderten sie, dass die Lektoratsversammlung »für alle Fragen der Programmgestaltung« sowie für die »Neueinstellung und Entlassung von Lektoren« (S. 49) zuständig sei. Die Versammlung, der alle Lektoren der Verlage angehören sollten, entscheide mit einfacher Mehrheit. Das wäre auf eine Entmachtung Unselds hinausgelaufen: »Ich als Verantwortlicher und Haftender des Verlages konnte bei mehr oder weniger wichtigen Fragen leicht überstimmt werden.« (S. 22)

Zur Abwehr dieser »Feuilleton-Revolution« (S. 23) mobilisierte Unseld strategisch geschickt elf seiner wichtigsten Autoren. Von diesen nahmen Jürgen Becker, Günter Eich, Hans Magnus Enzensberger (den Unseld nicht kontaktiert und der sich selbst eingeladen hatte), Max Frisch, Jürgen Habermas, Uwe Johnson, Hans Erich Nossack und Martin

---

[24] Unter irreführendem Titel liegt ohne Autoren- oder Herausgebernennung eine Chronik des Verlags vor: Die Geschichte des Suhrkamp Verlages 1950–2000. Frankfurt 2000. In diesem Buch wird der Konflikt um die Lektoratsversammlung gänzlich ausgespart. Walter Boehlich, der noch vor Unseld von Peter Suhrkamp als Lektor, später Cheflektor in den Verlag geholt worden war, wird zweimal als Zitatgeber, einmal in einer Bildunterschrift erwähnt.

Walser an einem Gespräch mit den neun Lektoren am 14. Oktober 1968 teil. Dabei waren auch die vier Prokuristen des Verlags. Vor allem Walser, Frisch und Habermas schlugen sich für Unseld in die Bresche. Ergebnis war eine Pressenotiz, die die Etablierung einer Lektoratsversammlung ankündigte. Durch ein Aide-Mémoire der Lektoren vom darauf folgenden Tag, in dem vom »Beginn der Entwicklung, an deren Ende wünschenswerterweise die Sozialisierung der Verlage stehen sollte« (S. 60) die Rede war, verschärfte die Situation drastisch, sodass Unseld, der »vollkommen außer [sich]« (S. 31) war und sich ausführlich juristisch beraten ließ, nicht nur eine Gegendarstellung schrieb, sondern sogar kurzeitig erwog, allen Lektoren zu kündigen und die Lektoratsarbeit vorübergehend mit Walser (*Edition Suhrkamp*), Johnson (Übersetzungslektorat), Becker (deutsches Lektorat) und Habermas (wissenschaftliches Lektorat) zu machen. Später sprach Unseld von einem »Moment des heimtückischen Anschlags« (S. 64).

Auf einer Sitzung mit den Lektoren und Prokuristen am 17. Oktober machte er den Vorschlag, dass Walter Boehlich, Günther Busch und Karl Markus Michel aus dem Verlag ausscheiden und »einen auf totaler sozialistischer Basis arbeitenden neuen Verlag gründen« (S. 33) sollten. Er wolle die Gründung mit einem Startkapital von ca. 600.000 Mark unterstützen, das als persönliches Darlehen mit langer Laufzeit und weitgehender Unkündbarkeit zu gleichen Teilen an die drei Lektoren gehen solle. Über diesen Vorschlag informierte Unseld einen weiten Kreis von Autoren.

Am 1. November 1968 wurde auf der Grundlage eines Entwurfs von Unseld eine Geschäftsordnung für die Lektoratsversammlung und eine Erklärung »für den ›Safe‹« (S. 41) verabschiedet, in der Unseld »sein von allen Lektoren respektiertes und in den vorangegangenen Diskussionen nicht angezweifeltes Recht und seine Pflicht zu Entscheidungen« (S. 89) bestätigt wurde. Eine Presserklärung fünf Tage später führte die Grundzüge der Geschäftsordnung auf. Ferner wurde erwähnt, dass kein neuer Verlag mit Unselds Unterstützung gegründet werde. Schließlich wurde das Ausscheiden von Walter Boehlich, Peter Urban und Urs Widmer aus dem Verlag angekündigt; Klaus Reichert werde künftig als freier Mitarbeiter tätig sein. Damit verblieben mit Anneliese Botond, Karlheinz

Braun, Günther Busch, Karl Markus Michel und Hans-Dieter Teichmann
fünf der neun Unterzeichner des den Konflikt auslösenden Briefs vom 27.
September im Verlag tätig. Ferner gehörte dem Lektorat weiterhin Werner Berthel an, der das Schreiben nicht unterzeichnet hatte. Aus Unselds
Sicht war damit der Konflikt beigelegt.

Unseld, Siegfried: Chronik 1970. Mit den Chroniken Buchmesse 1967, Buchmesse 1968 und
der Chronik eines Konflikts 1968. Suhrkamp: Berlin 2010 (Siegfried Unseld: Chronik. Hrsg.
von Raimund Fellinger. Band 1. Hrsg. von Ulrike Anders, Raimund Fellinger, Katharina
Karduck, Claus Kröger, Henning Marmulla und Wolfgang Schopf). 422 Seiten. ISBN 978-3-
518-42161-1.
Die Rezension erschien zuerst in *Archiv für Geschichte des Buchwesens* 67, 2012, S. 229f.

Suhrkamp Verlag
Chronik der Lektoren

Die *Chronik der Lektoren* ist die Antwort auf Siegfried Unselds *Chronik 1970*. Aus Sicht der Lektoren, die den Verlag verlassen haben, war der Konflikt keineswegs beigelegt. Der schmale broschierte Band, der keine Abbildungen enthält, dokumentiert aus der Sicht der seinerzeit Unterlegenen den Konflikt im Haus Suhrkamp/Insel aus einer Distanz von mehr als vierzig Jahren.

Die wesentlichen Dokumente finden sich im ersten Kapitel des Buchs *Was sich ändern sollte. Chronik I*; sie sind allesamt auch in Unselds *Chronik* abgedruckt. Wichtige Ausnahme ist ein Artikel aus der Wochenzeitung *Christ und Welt*, der am 10. Januar 1969, also zweieinhalb Monate später, unter der Überschrift *Dr. Unselds Kunst, Bomben zu entschärfen* erschien. Durch ihn fühlten sich die Lektoren in ihrer Meinung bestätigt, dass sich nach dem Inkrafttreten der neuen Geschäftsordnung wenig geändert habe. Für Karlheinz Braun war er Anlass, spontan zu kündigen. In dem Gespräch mit der Journalistin Ruth Tiliger hatte Unseld gesagt, »den Lektoren würde ganz einfach seine Auffassung vom Bücherverlegen nicht passen«. Den Weggang Walter Boehlichs hatte er mit »Gott sei Dank!« kommentiert und ihm »Illoyalität« und »Unproduktivität« (S. 48) vorgeworfen.

Drei Wochen später nahm Unseld in *Christ und Welt* zu diesem Artikel Stellung, »um Missverständnisse, Irrtümer, ja Fehler« (S. 52) zu berichtigen, ohne allerdings auf die Person Boehlich einzugehen. Dieser wiederum veröffentlichte in der folgenden Ausgabe von *Christ und Welt* eine Stellungnahme, die in der Feststellung gipfelte, dass »fast alles, was da mit und ohne Gänsefüßchen als seine [Unselds] Äußerung erscheint, er gar nicht gesagt haben kann, ganz einfach, weil es mit der Wahrheit nur wenig zu tun hatte« (S. 54).

Auf diese erste Chronik folgen Beiträge von Karlheinz Braun, Peter Urban, Walter Boehlich, Klaus Reichert und Urs Widmer. Von Boehlich, der 2006 starb, wurden von Braun Texte und Briefe aus den Jahren 1958 bis 1995 zusammengestellt. Am aufschlussreichsten für sein Verhältnis zu Unseld ist der Brief vom 14. April 1963 an Ilse Curtius, die Frau seines akademischen Lehrers Ernst Robert Curtius. Hieraus nur einige Zeilen: »Immer wenn ich denke, dass ich mich an Unseld gewöhnt habe und ihn ertragen kann, tut er etwas, woran ich merke, dass ich mich nie an ihn gewöhnen werde, ihn nie werde ertragen können. Man kann ihn nicht wirklich verändern. Es wäre auch leichter, wenn er aus bösem Willen täte, was unerträglich ist; [...]. Er hat zu viel Energie, und darum auch zu viel Machthunger. [...] Es kennen eben unendlich viel mehr Leute die Autoren seines Verlags als ihn selbst. Er möchte aber, dass der Verlag nicht die Gemeinschaft mehr oder minder großer Heiliger wäre, sondern eine Kirche, deren weltbekannter Papst er wäre. [...] Zu gern wäre er selbst ein ›Intellektueller‹, bekannt als solcher und für intellektuelle, nicht aber für unternehmerische Leistungen.« (S. 109)

Die übrigen Beiträge der *Chronik der Lektoren* wurden »vorher untereinander nicht abgesprochen. So ergaben sich vier sehr unterschiedliche Varianten einer Geschichte mit relativ wenigen Doppelungen. Jeder von uns erzählt eben seine eigene Geschichte« (S. 10).

Karlheinz Braun, seit 1959 Leiter des Suhrkamp Theaterverlags, wirft Unseld heute vor, damals »mit der geballten Präsenz von Schriftstellern, Philosophen, Soziologen, Juristen und Prokuristen« (S. 61) »zu einer Gegenwehr [angesetzt zu haben], die überhaupt erst die Eskalation der Vorgänge bewirkte« (S. 62). Auch behauptet er, das Wort »Sozialisierung« habe »zuerst ein seinerzeit als Sympathisant der DKP geltender Autor ins Spiel [gebracht], nämlich Martin Walser« (S. 65). Den Konflikt Unselds mit Boehlich interpretiert er psychologisierend mit einer »nie eingestandenen intellektuellen Rivalität« (S. 67) zwischen beiden. Enttäuscht zeigt sich Karlsheinz Braun von der Haltung der etablierten Autoren, denen es wichtig war, »ihre Werke im Rahmen dieser ›Suhrkamp-Kultur‹ publiziert zu sehen« (S. 66).

Auch Peter Urban, seit 1966 Lektor, später für slawische Literatur, behauptet in seinem Beitrag, »das Reizwort von der ›Sozialisierung‹ des

Verlags [sei] vonseiten der Lektoren nie und nirgends gefallen« (S. 78). Er sieht den Beginn mehr oder weniger offener Auseinandersetzungen im Frühsommer 1966. Die Spannungen lagen für ihn »in der Architektur des Hauses, d. h. im Herrschaftssystem eines kapitalistisch verfassten, patriarchalisch geführten Unternehmens und den Arbeitsbedingungen der dort Beschäftigten« (S. 78) begründet. Während in der »informellen Lektorenversammlung im Keller der Feldbergstraße 38«, nämlich in der Kantine des Verlags, mit »viel Sachverstand und Kenntnissen« (S. 82) über Literatur diskutiert wurde, wurden oben »nach Gutsherrenart« Entscheidungen getroffen, »die für uns Lektoren uneinsichtig, wenn nicht willkürlich waren« (S. 83). Braun spricht von der »Unappetitlichkeit der Mittel, mit denen der Verlagsinhaber bei seiner Inszenierung zu Werke ging« (S. 97) und lässt eine farbige Schilderung der »langen Nacht« vom 14. Oktober 1968 folgen. Mit der später einvernehmlich verabschiedeten Geschäftsordnung habe der Verleger »auf der totalen Unterwerfung« (S. 99) bestanden.

Klaus Reichert, seit 1964 Lektor im Insel Verlag, beschreibt seinen eigenen Werdegang im Verlag, ohne zu dem Konflikt mit Unseld neue Gesichtspunkte hinzufügen. Das gilt teilweise auch für den Artikel von Urs Widmer, seit 1967 Lektor für deutsche Literatur. Doch Widmer gelingt es, zwei einfühlsame Kurzporträts von Boehlich und Unseld zu schreiben.

Im letzten Beitrag skizziert Braun die Entstehungsgeschichte des Verlags der Autoren, denn aus dem unter dem Stichwort »Aufstand der Lektoren« in das Branchengedächtnis eingegangenen Auseinandersetzungen bei Suhrkamp ist nur wenige Monate später, am 1. April 1969, der Verlag der Autoren entstanden, gegründet von zwölf Lektoren und Autoren.

Der heutige Leser, der Unselds 1968 aufgezeichnete *Chronik eines Konflikts* vergleichend mit der im Abstand von mehr als vierzig Jahren entstandenen *Chronik der Lektoren* liest, zieht aus Letzterer kaum neue Erkenntnisse; allenfalls Nuancen werden sichtbar. Das liegt nicht zuletzt daran, dass keiner der Lektoren sich damals Notizen gemacht hatte, sodass die Beiträge oft summarisch in der Darstellung der Auseinandersetzungen bleiben. Die *Chronik der Lektoren* hat, provoziert durch die *Chro-*

nik-Publikation, kaum mehr als Rechtfertigungscharakter und mag für die Verfasser eine Entlastungsfunktion haben, die jedoch für den verlagsgeschichtlich Interessierten keine Relevanz hat. Auffallend der intellektuelle Hochmut, mit dem z. B. Peter Urban, damals siebenundzwanzig, heute einundsiebzig Jahre alt, im kapitalismuskritischen Jargon der 1960er Jahre Unseld hinterher schreibt. Wie tief müssen die wechselseitigen Verletzungen gewesen sein.

Boehlich, Walter u. a.: Chronik der Lektoren. Von Suhrkamp zum Verlag der Autoren. Verlag der Autoren: Frankfurt 2011. 216 Seiten. ISBN 978-3-886-61345-8.
Die Rezension erschien zuerst in *Archiv für Geschichte des Buchwesens* 67, 2012, S. 229f.

Ullstein Verlag
Chronik 1903 – 2011

Die von Anne Enderlein unter Mitarbeit von Ulf Geyersbach herausgegebene *Ullstein-Chronik* sollte ursprünglich zum 100jährigen Jubiläum der
Ullstein-Buchverlage im Jahr 2003 erscheinen. Bei der Publikation acht
Jahre später ist ihr Festschriftcharakter erhalten geblieben: edle Lei-
nen(blind)prägung, großzügige Typografie, durchgehend illustriert, allerdings nicht im Vierfarbdruck und ohne Leseband. Das Werk kommt
ohne Anmerkungen oder Fußnoten aus, ohne dabei die Nachweispflicht
bei Zitaten zu vernachlässigen.

Dreißig Beiträge umreißen die Geschichte des Buchverlags. Große
Überblickskapitel zu den Epochen, die zusammen fast die Hälfte des
Bandes ausmachen und auf die im Folgenden genauer eingegangen wird,
werden durch hier nur summarisch aufgeführte Beiträge zur Autorin
Vicki Baum (Eckhard Gruber), zu Reihen, Genres und Programmsegmen-
ten, durch Erinnerungen und Gesprächsaufzeichnungen sowie zu Beiträgen über spezielle Aspekte der Verlagstätigkeit ergänzt und abgerundet.

Reihen, Genres und Programmsegmente: Oliver Gliech über die *Welt-
geschichten* bei Ullstein und Propyläen; Rainer Laabs über Bibliophiles bei
Propyläen; Wolfram Göbel über die Gelben Ullstein-Bücher; Stephan
Porombka über Abenteuer- und Reisebücher; David Oels über populäre
Sachbücher; Hans-Georg Puchert über Kunstbücher; Hans Richard Britt-
nacher über Krimis; Christian Seeger über Memoiren und Biografien.

Erinnerungen: Cyrill Soschka (1945–1959, Verlagsleiter) an den Beginn
seiner Tätigkeit als Herstellungsleiter im Jahr 1922; Emil Herz an seinen
Vater Arthur (von 1903 bis zu seiner von den Nationalsozialisten er-
zwungenen Entlassung im Jahr 1934 Leiter der Buchverlage).

Gesprächsaufzeichnungen: Albrecht Knaus (1959–1963 Verlagsleiter),
Wolf Jobst Siedler (seit 1963 Leitung des Propyläen Verlags, 1967–1979

Vorsitzender des Direktoriums der Verlag Ullstein GmbH), Andreas A. Catsch (1965–2001 Redakteur, Lektor und Verlagsleiter), Viktor Niemann (1979–1986 Geschäftsführer Marketing und Vertrieb, 2003–2006 Verleger).

Spezielle Aspekte der Verlagstätigkeit: Gottfried Kratz über die Beteiligung Ullsteins am 1920 in Danzig gegründeten russischen Verlag Slowo; Klaus Völker über den 1923 gegründeten Bühnenvertrieb Arcadia Verlag; Thomas Wegmann über das Marketing der hauseigenen Bücher im Ullstein-Pressekonzern; Dieter Speck über die Herstellung in den Jahren 1961 bis 1999.

Hedda Pänke skizziert kurz die Familiengeschichte. Leopold Ullstein (1826–1899) gründet 1887 zusammen mit Joseph Meissner die offene Handelsgesellschaft Ullstein & Co. Nach seinem Tod übernehmen seine fünf Söhne das florierende Presseunternehmen (*Berliner Zeitung, Berliner Abendzeitung, Berliner Illustrirte Zeitung, Vossische Zeitung, Die Dame, Uhu*).

Ute Schneider stellt die Geschichte des Buchverlags, der seit 1903 mit der Verpflichtung von Emil Herz professionell geführt wurde, bis zum Ende des Ersten Weltkriegs dar. Herz baute ein Programm auf, das sich einerseits auf populärwissenschaftliche und praktische Ratgeber stützte, andererseits aber mit dem Großprojekt *Weltgeschichte* und Anthologien zu Literatur, Musik und Kunst den »kulturgeschichtlichen Anspruch des Germanisten Emil Herz« (S. 39) widerspiegelte. Hinzu kamen ab 1910 die roten Ullstein-Bücher, eine Reihe, die massenkompatible Lesestoffe verbreitete, darunter auch Lizenzen aus anderen Verlagshäusern. In »Anpassung an die Zeitumstände« (S. 58) verlegte man während des Ersten Weltkriegs die Reihe *Ullstein-Kriegsbücher*, die Kriegserlebnisse und Berichte aus den Kolonien zu einem Preis von einer Mark in hoher Auflagenzahl unter das Volk brachte. Zusammen mit weiteren Buchreihen führte das zu einem rasanten Umsatzwachstum auf über sechs Millionen Mark im Jahr 1918, nachdem die Vergleichszahl aus dem Jahr 1906 noch bei knapp 150.000 Mark gelegen hatte.

Die Krisenjahre der Weimarer Republik, die »zu den Glanzjahren des Buchverlags« (S. 99) gehören, beschreibt Erhard Schütz. »Der Strategie des Verlags gelang es, das Image des Buchs als ›Kulturgut‹ auf die eigene Marke zu transferieren und dem Markenartikel Ullstein-Buch die Span-

nungspole von Bildung und Unterhaltung als Qualitäten zu sichern.«
(S. 100) In einer Mischung aus Kontinuität und Wandel knüpfte der Verlag an die Erfolge der Kriegs- und Vorkriegszeit an und verstand es, durch neue Autoren (Ludwig Wolff, Vicki Baum, Fedor von Zobeltitz, Erich Maria Remarque), durch die Akquisition des Propyläen Verlags, durch die punktuelle Verpflichtung renommierter Autoren (Gerhart Hauptmann, Else Lasker-Schüler, Arthur Schnitzler), durch Zeitschriften wie *Koralle* und *Uhu* sowie die Reihe der gelben Ullstein-Bücher eine verkaufsträchtige Programmmischung herzustellen. Die in dieser Reihe publizierten Romane »stellten den Grundbedarf an Konfektionsware zum Fortsetzungsabdruck in den Zeitungen, Illustrierten und Zeitschriften des Ullstein-Imperiums« (S. 108). Daher entschieden nicht die Lektoren des Buchverlags über Annahme oder Ablehnung eines Manuskripts, »das letzte Wort hatten faktisch die Redakteure der Zeitungen und Zeitschriften, indem sie über die Tauglichkeit eines Textes zum Abdruck befanden« (S. 118).

Wolfgang Wippermann stellt in seinem Beitrag die Geschichte des Ullstein und des Deutschen Verlags zur Zeit des Nationalsozialismus dar. Das als liberal geltende Ullstein-Imperium geriet sehr bald unter den Druck der Nazis, dem der Verlag teilweise nachgab. Lion Feuchtwangers Roman *Der Jüdische Krieg* wurde nicht mehr vertrieben; in einem Sonderheft der *Berliner Illustrirten Zeitung* huldigte man den neuen Machthabern; *Uhu*, *Der Querschnitt* und die *Vossische Zeitung* wurden verkauft oder eingestellt; der verdienstvolle Generaldirektor Hans Schäffer wurde entlassen und durch die beiden »trojanischen Pferde« (S. 202) Richard A. Müller und Eduard Stadtler ersetzt. Die »Arisierung« des Verlags mündete schließlich im endgültigen Ausscheiden der Familie Ullstein aus der Firmenleitung im Jahr 1933 und in den sukzessiven Verkauf der Unternehmensanteile seit 1934.

Beim nominellen Ende der Ullstein AG im Jahr 1937 hielten die Deutsche Bank und die Cautio Treuhand, hinter der das Propagandaministerium stand, rund zwei Drittel des Aktienkapitals. Im November 1937 wurde Ullstein in Deutscher Verlag umbenannt, der dann 1941 auch nominell in die Hände des nationalsozialistischen Parteiverlags Franz Eher Nachf. überging. Die Produktion war keineswegs unterhaltendunpolitisch. Für die seit 1940 erscheinende Wochenzeitschrift *Das Reich* schrieb Joseph Goebbels Leitartikel; Mitarbeiter waren u. a. Theodor Heuss, Bernhard Grzimek, Elisabeth Noelle (spätere Noelle-Neumann) und Karl Korn. Für das Buchprogramm fällt »das Nebeneinander von unverhüllt propagandistischen, wissenschaftlichen und belletristischen Titeln, vor allem aber populärwissenschaftlichen Publikationen« (S. 215) bei zunehmender Tendenz zur reinen Unterhaltungsliteratur (einschließlich der kurzweiligen Propagandaromane eines A. E. Johanns) auf. Zu den bekanntesten Autoren, die nicht nur während der NS-Zeit, sondern auch danach großen Erfolg hatten, gehörten u. a. Werner Bergengruen, Hans Hass, Peter Huchel, Gregor von Rezzori und Luis Trenker (zu Details der Programmarbeit vgl. auch den informativen Beitrag von Eckhard Gruber).

Lothar Schmidt-Mühlischs Artikel deckt die Zeit nach dem Zweiten Weltkrieg bis zum Erwerb der Aktienmehrheit durch Axel Springer im Jahr 1959 ab. Der Deutsche Verlag wurde 1945 von der amerikanischen Militärregierung beschlagnahmt und ein Jahr später liquidiert. Zwar wurde dem Buchverlag im Mai 1946 die Lizenz erteilt, doch blieben ihm wichtige Unterlagen wie die Autorenkartei, die meisten Verlagsverträge und das Bildarchiv, aber auch die Buchbestände vorenthalten. Die Restitutionsverhandlungen der Familie Ullstein mit den Behörden zogen sich über Jahre hin.

Erst Anfang 1952 lebte die Ullstein AG wieder auf. Das Programm umfasste vor allem Neuauflagen aus der Vorkriegszeit, neue Werke von Traditionsautoren des Verlags sowie Kriminal- und Abenteuerromane. Nach dem Krieg hatte in Wien Fritz Ross, der Schwiegersohn eines der fünf Ullstein-Söhne, zusammen mit seiner Frau die Ullstein & Co. GmbH gegründet. Mit Thor Heyerdahl, Heinrich Harrer und Françoise Sagan akquirierte er erfolgreiche ausländische Autoren und verlegte auch Lizenzausgaben von Norman Mailer und George Orwell. 1954 vereinigten sich die Verlagsteile in Berlin und Wien. Der Zusammenschluss zur Verlag Ullstein GmbH als Tochtergesellschaft der Ullstein AG erfolgte aber erst fünf Jahre später. Strategisch wichtig war die Gründung des Ullstein-Taschenbuchverlags im Jahr 1955. Wegen der Standortnachteile von Berlin während des Kalten Kriegs wurden 1957 die Buchaktivitäten mit

Ausnahme des Propyläen Verlags nach Frankfurt, 1960/61 nach Darmstadt verlegt. Unstimmigkeiten zwischen den verschiedenen Stämmen der Ullstein-Familie führten schlussendlich 1959 zum Verkauf der Aktienmehrheit an den Hamburger Verleger Axel Caesar Springer, der im folgenden Jahr auch die in Streubesitz befindlichen Aktien erwarb und die Aktiengesellschaft in eine GmbH umwandelte.

Die Jahre der Buchverlage im Springer-Konzern werden in zwei Beiträgen von Hans Georg Puchert und Harro Schweizer sowie von Thomas Keiderling – verglichen mit den übrigen Beiträgen zur Verlagsgeschichte – recht umfangreich abgehandelt. Das hängt sicher mit dem stark gestiegenen Programmumfang vor allem im Taschenbuchbereich zusammen, doch wären manche Einzelheiten der windungsreichen Geschichte unter der Ägide des Springer-Konzerns entbehrlich gewesen.

Prägend für das Programm war Wolf Jobst Siedler, der – stark fokussiert auf den Propyläen Verlag – die Ullstein Buchverlage von 1967 bis 1979 leitete. Auch in Zeiten der Anti-Springer-Kampagne gelang es ihm weitgehend, Abstrahlungen auf die Buchverlage zu verhindern. Bis Mitte der 1970er Jahre prosperierte das Buchgeschäfte, danach kämpfte man mit Umsatzrückgängen und Rentabilitätsproblemen: »Zu sehr hatte man in den Buchverlagen wirtschaftlich auf Kosten der Springer-Zeitungen gelebt, obwohl die Umsätze stetig gestiegen waren.« (S. 373) Der Eklat um Helmut Diwalds *Geschichte der Deutschen* führte dann zum Ausscheiden Siedlers »im gegenseitigen Einvernehmen«. Häufige Führungswechsel, »eine rigorose Sanierungspolitik« sowohl im Personalbereich als auch im Programm und die Ausrichtung des Springer-Verlags auf den Pressebereich ließen die Verbindung mit dem Münchner Verleger Herbert Fleissner, dem Inhaber und Leiter der Verlagsgruppe Langen Müller Herbig, als notwendig und sachlogisch erscheinen. Zum 1. Januar 1985 entstand die Verlagsgruppe Ullstein Langen Müller, an der Springer und Fleissner je zur Hälfte beteiligt waren und die mit einem Gesamtumsatz von siebzig Millionen Mark zu den Branchenschwergewichten gehörte. Strategisch ging es um die Konsolidierung der maroden Ullstein-Verlage, um die Taschenbuchverwertung der Fleissner-Rechte sowie um den Zugang zu günstigen Konditionen der Springer-Zeitungen und - Zeitschriften für Marketingmaßnahmen. Programmatisch führte Fleissner, der sich im Fusionsvertrag die Alleinkompetenz für das Programm hatte zusichern lassen, die Verlage auf einen stramm rechten Kurs, durch einzelne Projekte und Reihen, aber auch mit einer entsprechenden Personalauswahl – bei allen Büchern, die Fleissner wider seine eigene politische Überzeugung verlegte.

Die planlose Aushöhlung des Taschenbuchprogramms (vgl. S. 391), der Verlust des ertragreichen Verlagsobjekts *Guinness Buch der Rekorde* sowie die zunehmende Entfremdung zwischen Fleissner und dem Springer-Konzern führten zum 1. Januar 1996 zur Auflösung von »einem fälschlich immer wieder als ›Ehe‹ bezeichneten Zusammenschluss zweier im Grunde unvereinbarer Partner« (S. 396). Die Ullstein-Buchverlage befanden sich nach elfjähriger Fleissner-Herrschaft »in einem eklatant sanierungsbedürftigen Zustand« (S. 397).

Nach der Trennung von der Verlagsgruppe Langen Müller Herbig musste Springer nach einem größenmäßigen und funktionalen Ersatz suchen, um die Position als dritte Kraft im Buchgeschäft neben den Konzernen Bertelsmann und Holtzbrinck behaupten zu können. Mitte 1998 wurden 95 Prozent der Verlagsgruppe Econ & List übernommen und zur Verlagsgruppe Econ Ullstein List mit insgesamt vierzehn Verlagen verschmolzen. An der Spitze stand Christian Strasser, der seit 1990 die übernommene Verlagsgruppe aufgebaut hatte. Mit dem Kauf des Heyne Verlags, eines der erfolgreichsten Publikumsverlage Deutschlands, im Jahr 2001, mit einer aggressiven Autorenakquisition durch oft uneinspielbare Garantiehonorarangebote (»Scheckbuch-Verleger«) sowie mit ausgeklügelten (und teuren) Verwertungsstrategien des Rechteportfolios gelang es Strasser, das strategische Ziel der Positionierung hinter Bertelsmann und Holtzbrinck zu erreichen. Doch »rote Zahlen zogen sich wie ein roter Faden durch die Betriebsergebnisse« (S. 466) der Verlagsgruppe. Zugleich geriet der Springer-Konzern durch das Platzen der Internetblase sowie durch die Insolvenz des Springer-Großaktionärs Leo Kirch ökonomisch unter Druck. Die Verlagsgruppe Ullstein Heyne List wurde 2003 an Random House verkauft. Um die nötige Zustimmung des Kartellamts zu erhalten, musste die Gruppe dazu aufgespalten werden. Sechs Verlage, darunter Ullstein und Propyläen, gingen an den schwedischen Medienkonzern Bonnier. »Die Eule [war] unter dem Dach von Bonnier« – so die Titelformulierung des Beitrags von Anke Vogel – gelandet.

Die neue Führung der Ullstein Buchverlage (Viktor Niemann als Verleger und Hartmut Jedicke als kaufmännischer Geschäftsführer) hatte zunächst alle Hände voll zu tun mit der personellen Entflechtung, der Aufteilung der Rechte sowie der Buchhaltungs- und Honorarabrechnungssysteme sowie mit dem Umzug nach Berlin (Strasser hatte die meisten Verlagsteile nach München geholt). Danach standen als nächste Aufgaben »der nachhaltige Aufbau von Autoren, Stabilität im Personalbereich sowie die Neuausrichtung von Vertrieb und Marketing« (S. 482f.) an, Aufgaben, denen sich verlegerisch seit 2007 Siv Bublitz stellt. Heute gehören zu den Ullstein Buchverlagen die folgenden Verlage und Imprints: Ullstein, List, Propyläen, Marion von Schröder, Econ, Ullstein Taschenbuch, List Taschenbuch, Allegria und Graf. Für dieses letzte Kapitel gilt leider das, was Monika Estermann über die Piper-Verlagsgeschichte von Edda Ziegler geschrieben hat. Es hat »streckenweise den Charakter eines Pressetextes des Hauses und ist kein Teil einer buchhandelsgeschichtlichen Darstellung. Deutlicher können die Probleme von Firmengeschichten als Auftragsarbeiten kaum sein« (Estermann 2007, S. 220).[25]

Der üppig illustrierte Band – leider hat der Verlag für seine Festschrift die Kosten eines Vierfarbdrucks gescheut – ist durchgehend flüssig geschrieben und äußerst detailreich. Er entgeht gerade für die Zeit nach dem Zweiten Weltkrieg nicht immer der Gefahr, eine Verleger-Verlagsgeschichte zu schreiben, doch kommt auch die Wirtschaftsgeschichte nicht zu kurz. Diese Verlagsgeschichte ist strukturiert, homogen und kompakt.

Enderlein, Anne unter Mitarbeit von Ulf Geyersbach: Ullstein-Chronik 1903–2011. Ullstein: Berlin 2011. 560 Seiten. ISBN 978-3-550-08880-3.
Die Rezension erschien zuerst in *Archiv für Geschichte des Buchwesens* 67, 2012, S. 226–229.

---

[25] Vgl. Ziegler, Edda: 100 Jahre Piper. Die Geschichte eines Verlags. München/Zürich 2004.

Ullstein Verlag
Das Haus Ullstein

Bücher haben ihre Geschichte: Hermann Ullstein (1874–1943), Sohn des Verlagsgründers Leopold Ullstein, hat seine Autobiografie im amerikanischen Exil auf Deutsch geschrieben. Sie wurde kurz vor seinem Tod im November 1943 vom Verlag Simon & Schuster unter dem Titel *The Rise and Fall of the House of Ullstein* veröffentlicht. Erst 70 Jahre später ist sie in einer Rückübersetzung aus dem Englischen – das deutsche Originalmanuskript ist verschollen – erschienen.

Das Buch setzt am 30. Januar 1933 ein, dem Tag der Ernennung von Adolf Hitler zum Reichskanzler. In romanhafter, mit vielen Dialogen durchsetzter Schilderung erzählt Hermann Ullstein in den beiden ersten Kapiteln, wie nach der Machtergreifung die Nationalsozialisten Schritt für Schritt die unabhängige Presse gleichschalteten. Daran schließen sich die Kapitel an, in denen weitgehend berichtend in einer Rückblende die Gründung des Verlagshauses durch den in Fürth geborenen Leopold Ullstein folgt. Dieser war als Papiergroßhändler zu Geld gekommen und erwarb 1877 die kleine *Berliner Zeitung* als Grundstock für das Presseimperium. Später kamen die neugegründete *Berliner Abendpost*, 1892 die *Berliner Illustrirte Zeitung*, 1898 die zunächst mit hohen Anlaufverlusten belastete, später sehr erfolgreiche *Berliner Morgenpost* und 1904 die *B. Z. am Mittag* hinzu, so dass Ullstein den Berliner Zeitungsmarkt mit zeitweise drei zu verschiedenen Zeiten erscheinenden Tageszeitungen dominierte. 1914 ging die altehrwürdige *Vossische Zeitung* (gegründet 1705) in den Besitz der Ullsteins über, ein kostspieliges, aber prestigeträchtiges Unterfangen.

Ab 1889 traten die fünf Söhne nach und nach in den Verlag ein (Hans und Franz als verlegerische Leiter der Tageszeitungen, Louis als kaufmännischer Leiter und Rudolf als Verantwortlicher für den drucktechni-

schen Bereich). Hermann, 1875 als zweitjüngstes von zehn Kindern gebo-
ren, stieg erst 1902 nach einer kaufmännischen Lehre in einer Getreide-
handlung in Odessa und einer Tätigkeit in London in den Verlag ein und
half, »Geld herbeizuschaffen [...]. Ansonsten kümmerte ich mich um die
Zeitschriftenabteilung und die Monatshefte, die Schnittmuster, Kinder-
zeitschriften, den *Querschnitt, Die Dame, Uhu*, das *Blatt der Hausfrau* und
den *Heiteren Fridolin*.« (S. 74) Sein Resümee: »Im Großen und Ganzen
kann ich sagen, dass ich tüchtig war.« (ebd.) Diese Tüchtigkeit illustriert
er mit Episoden aus der Erfolgsgeschichte der genannten Publikationen.

Es folgen längere erzählend-referierende Kapitel über die Entwicklung im Ersten Weltkrieg und in der Weimarer Republik, wobei mehr die
Zeitgeschichte (und ihre Kommentierung durch Hermann Ullstein) als
die Entwicklung des Verlagshauses im Zentrum steht. Immer wieder
prangert er das »Versagen der Presse« (S. 207) im Vorfeld von Hitlers
Machtergreifung an. Auf die Zwistigkeiten innerhalb des Ullsteins-Clans
(fünf Söhne, sieben Neffen) geht er bedauerlicherweise nur kurz ein.
Lapidar heißt es: »Schließlich wurde ein Schiedsgericht bestellt [...]. Und
es gelang [dem Vorsitzenden] tatsächlich, uns Brüder miteinander zu
versöhnen.« (S. 210)

Ullstein wurde 1934 »arisiert«; ein Bankenkonsortium unter Führung
der Deutschen Bank erwarb den Verlag, dessen Aktien nach Angaben
Hermann Ullsteins zu diesem Zeitpunkt 60 Millionen Reichsmark wert
waren, für sechs Millionen in bar sowie für die gleiche Summe in mit
sechs Prozent verzinsten Anleihen. Der Verlag, der 1937 in Deutscher
Verlag umbenannt wurde, wurde auf den Parteiverlag Franz Eher Nachf.
übertragen. Die geschäftsführenden Brüder mussten den Verlag verlassen und gingen nacheinander in die Emigration, Hermann 1939.

Das Nachwort von Martin Münzel schildert die Entstehungsgeschichte des Buchs und ergänzt wichtige firmengeschichtliche Details. So wurden etliche der oben genannten Daten dem Nachwort, nicht dem Text
Hermann Ullsteins entnommen.

Der Rezensent maßt sich nicht an, alle geschilderten zeitgeschichtlichen Details zu beurteilen. Zu bedenken ist, dass Hermann Ullstein seine
Erinnerungen ohne seine in Europa zurückgelassenen Unterlagen schreiben musste. Mag das Buch aus pressegeschichtlicher Perspektive in man-

chen Einzelheiten interessant sein – so etwa die Kalkulation im Zeitungs-
bereich (S. 93) und der Schnittmusterbogen (S. 111f.) – und finden sich
auch lesenswerte Porträts führender Mitarbeiter, so ist es aus Sicht der
Buchverlagsgeschichte recht unergiebig. Nur en passant werden die *Ullstein-Bücher* und das Werbekonzept dafür (S. 113f.), der Erwerb der Klas-
siker-Buchbestände vom Verlag Georg Müller und die daraus resultierende Gründung des Propyläen-Verlags (S. 189) erwähnt. Die treibende
Kraft für die Buchaktivitäten des Pressehauses Ullstein, Emil Herz, wird
dreimal kurz genannt. So bleibt das Buch, was es auch durch die belletristische Aufmachung signalisiert: eine romanhafte Autobiografie eines
Ullstein-Sohns, sicher interessant für die Familiengeschichte, weshalb es
auch in Zusammenarbeit mit dem Herausgeberkreis Deutsches Pressemuseum im Ullsteinhaus e. V. (DPMU) jetzt auf Deutsch erschienen ist.

Ullstein, Hermann: Das Haus Ullstein. Mit einem Nachwort von Martin Münzel. In Zu-
sammenarbeit mit dem Herausgeberkreis »Deutsches Pressemuseum im Ullsteinhaus e. V.
(DPMU)«. Ullstein: Berlin 2013. 304 Seiten. ISBN 978-3-550-08046-3.
Die Rezension erschien zuerst in *Archiv für Geschichte des Buchwesens* 69, 2014, S. 263f.

Ullstein Verlag

Eine »Bonbonniere«

Der Titel des Buches ist Programm: Das ganze Buch ist eine mit wissenschaftlichem Konfekt bestückte Bonbonniere – mit 19 Beiträgen und einer vorzüglichen Einleitungspraline von David Oels und Ute Schneider. Dort werden der Rahmen und das weite Panorama dieses Bands aufgespannt: Ullstein war so erfolgreich, weil der Verlag hochinnovativ an die neuesten kulturellen, gesellschaftlichen, medialen, ökonomischen, technischen und politischen Entwicklungen anzuknüpfen wusste. Das galt für die Modernisierung des Maschinenparks, die frühzeitige Vermarktung von Filmrechten, die Gründung der ersten modernen Frauen- und Jugendzeitschriften, die legendären Ullstein-Schnitte besonders in Zeiten von Inflation und Wirtschaftskrise, für Sprachlernprogramme, günstige Unterhaltungsliteratur und den Bild- und Fotojournalismus. Gleichzeitig gründete der Erfolg des Konzerns auch im konsequenten Ausnutzen der medialen Verwertungskette für Texte und Bilder (S. 2).

Der Band, der in wesentlichen Teilen auf eine Tagung zurückgeht, die im April 2013 am Mainzer Institut für Buchwissenschaft stattfand, geht weit über die oben besprochene *Ullstein-Chronik 1903–2011* hinaus, die sich auf die Buchverlage konzentriert. Vielmehr werden hier in den fünf Sektionen »Unternehmen«, »Periodika und Reihen«, »Autorinnen und Autoren«, »Fotojournalismus« und »Familie Ullstein« einzelne Aspekte dieser vielfältigen sowie ereignis- und windungsreichen Firmengeschichte detailliert herausgearbeitet.

Im Kapitel »Unternehmen« stellt Erhard Schütz den bis heute unpublizierten Schlüsselroman *Wir können warten* über das Haus Ullstein von Stefan Großmann vor; Murry G. Hall berichtet über den seit 1905 agierenden Wiener Ullstein Verlag; Olaf Simons schildert die Korruptionsaffäre um Matthias Lackas, den Leiter der Versandbuchhandlung

Arnold, die während des Zweiten Weltkriegs fast so viel Umsatz erwirtschaftete wie der Buchverlag des in Deutscher Verlag umbenannte Mutterkonzerns; Stefanie Martin zeigt am Beispiel der Niederlande, wie sich die Ausweitung des Produktionsgebiets und der Ausbau des Vertriebs in »Kriegswichtigkeitsvorteilen« (S. 86) niederschlug.

In »Periodika und Reihen« werden die 1910 gegründete Architekturzeitschrift *Bauwelt* und die sich darum gruppierende Produktfamilie (Roland Jaeger) und die Tageszeitung *Tempo* und deren politischideologische Rolle in den letzten Jahren der Weimarer Republik (Jochen Hung) beschrieben. Sören Ohle wendet sich gegen die These, *Rowohlts Monographien* stünden formal und personell in der Kontinuität mit den 1919 begonnenen *Lebensbildern* des Ullstein Verlags (beide herausgegeben von Kurt Kusenberg), und Carolin Antes porträtiert die bisher unerforschte Romanheftreihe *Deutsche Romanpost*, die 1943/1944 erschien und nur Bombengeschädigten und Evakuierten gegen Vorlage eines Ausweises zugänglich war.

Das Kapitel »Autorinnen und Autoren« beginnt mit der Darstellung des zwiespältigen Verhältnisses linker Autoren wie Bertolt Brecht, Heinrich Mann und Kurt Tucholsky zum Konzern und umgekehrt: Es gehörte zum Autorenhabitus jener Zeit, gegen Ullstein zu sein, aber die großzügigen Vorschüsse einzustreichen. Die unvermeidliche Vicki Baum ist zweimal vertreten, einmal in der Analyse der Vermarktungsstrategien der Autorin und ihres Romans *Menschen im Hotel* (Madleen Podewski), zum anderen in der Positionierung Baums als Marke und die ironische Brechung des Vorgangs in der Komödie *Pariser Platz 13* (Joan Weng). Daneben untersucht Volker Bendig das Amerika-Bild des Autors A. E. Johann, eines Autors, der sich in drei unterschiedlichen politischen Systemen – der Weimarer Republik, dem Dritten Reich und dem westlichen Nachdeutschland – erfolgreich auf dem Buchmarkt behauptete.

Bernd Weise skizziert in »Fotojournalismus« die Geschichte des Bildarchivs von Ullstein von den Anfängen im Jahr 1894 bis zur Umwandlung in eine Fotoagentur im Jahr 1950. Nach diesem technischen Zugang folgen zwei Beiträge, die sich ästhetischen Fragen des Fotojournalismus widmen: Patrick Rössler über die Rolle des ›Neuen Sehens‹ in den Zeitschriften *Uhu*, *Querschnitt* und *Berliner Illustrirte Zeitung* und Daniela

Gastell über Kunst und Sport im 1921 gegründeten Magazin *Querschnitt*. Thematisch nicht ganz passt in diesen Block die Beschreibung des Sensationsjournalismus in der *Berliner Illustrirten Zeitung* und dem nach amerikanischen Vorbildern im Herbst 1928 gegründeten Boulevardblatt *Tempo* (M. Tribukait).

Das Kapitel über die Familie Ullstein ist recht inhomogen. Auf die instruktive, auf intensiven Archivrecherchen basierte Darstellung der Fürther Wurzeln des später in Berlin erfolgreichen Juden Leopold Ullstein (Volker Titel) folgen teils diffuse Ausführungen über »unternehmens- und emigrationsgeschichtliche Aspekte«, die exemplarisch »historische Transferprozesse [beleuchten sollen], die sich in den 1930-er bis 1950-er Jahren zwischen dem Deutschen Reich und den USA vollzogen« (Martin Münzel, S. 388) haben. Beschlossen wird dieses Kapitel mit Ausschnitten aus Briefen des 1938 nach England emigrierten Hermann Ullstein, des jüngsten Ullstein-Bruders, an seine bereits Ende 1934 in die USA ausgewanderte Tochter Edit aus dem Zeitraum 1934–1942 (Zusammenstellung durch Rainer Laabs).

Das Buch wird durch rund 70 Schwarz-Weiß-Abbildungen illustriert. Jeder Beitrag bietet eine einleitende Zusammenfassung und führt die unveröffentlichten und veröffentlichten Quellen sowie die verwendete Forschungsliteratur auf. Ein Personenregister und das Verzeichnis der Autorinnen und Autoren beschließen den Band.

Es ist unvermeidlich, dass bei so vielen Mitarbeitern nicht jeder Beitrag das Niveau erreicht, das die Mehrzahl der Aufsätze auszeichnet. Ganz besonders hervorzuheben ist die Einleitung, die die prägende Kraft des Konzerns für die Unterhaltungsindustrie herausarbeitet. Dazu werden nicht nur Zeitungen, Zeitschriften und Bücher eingesetzt, sondern auch populäre Veranstaltungen wie »Autorennen, Boxmeisterschaften oder Rundflüge« (S. 2). Die Angebotspalette ist konsequent »auf den Geschmack des großstädtischen Massenpublikums« (S. 8) ausgerichtet.

Insgesamt bietet der Band eine hervorragende und notwendige Ergänzung zu den hauseigenen Festschriften, die bislang vor allem die Unternehmensgeschichte des Hauses Ullstein dokumentierten.

Oels, David / Schneider, Ute: »Der ganze Verlag ist einfach eine Bonbonniere«. (Archiv für Geschichte des Buchwesens – Studien Band 10). Walter de Guyter Verlag: Berlin/München/Boston 2015. 433 Seiten. ISBN 978-3-11-033721-1
Die Rezension erschien zuerst auf *IASL online*, 20.01.2015.

Vieweg Verlag
Die Verlegerfamilie

Die Hallenser Dissertation über die Familie Vieweg kündigt schon im Untertitel an, dass es sich hier nicht um eine verlagsgeschichtliche Darstellung im engeren Sinn handelt. Es geht dem Autor um die beispielhafte Untersuchung der »Wechselwirkung von Familienunternehmen und Unternehmerfamilie im Herzogtum Braunschweig«. Er untersucht im Hauptteil, »wie sich die komplexe Dynamik der bürgerlichen Familie […] im generationenübergreifenden Wandel, in der beruflichen Tätigkeit, in der Veränderung des Verlags und im Heiratsverhalten entwickelte« (Rückseitentext). Der Untersuchungszeitraum erstreckt sich vom Eintritt Eduard Viewegs als Teilhaber in den Verlag Friedr. Vieweg & Sohn (1825) bis zum Übergang des Unternehmens in die gleichnamige Aktiengesellschaft (1921). Im Hauptteil der Arbeit werden die fünf Protagonisten der Familie Vieweg in diesem Zeitraum »als beispielhafte Repräsentanten einer bürgerlichen Familie« (S. 63) in einzelnen biografischen Kapiteln dargestellt. Diese Rezension kann nicht auf die ausführlich dargelegten biografischen Details sowie die eingehenden Erörterungen zu Geschichte und Wandel des Bürgertums eingehen; sie beschränkt sich auf die verlagsgeschichtlichen Aspekte.

Der 1786 in Berlin gegründete Vieweg Verlag war bis weit in das 20. Jahrhundert hinein der wichtigste Verlag in Braunschweig. Das ist die Leistung Eduard Viewegs (1796–1869), der 1825 in das Unternehmen eintrat und nach dem Tod des Vaters im Jahr 1835 die alleinige Verantwortung übernahm. Er setzte die literarische Tradition mit Autoren wie Charles Dickens (in der 129 Bände umfassenden *Bibliothek der neuesten und besten Romane der englischen Literatur*, 1837–1843), Hans Christian Andersen (in der *Bibliothek ausgewählter neuer Romane des Auslands*, 1843–1846), Wilhelm Raabe und Gottfried Keller (*Der Grüne Heinrich*, 1854–

1855) fort. Hinzu kamen griechische und lateinische Grammatiken und Wörterbücher sowie die *Nachgelassenen Schriften* Ludwig Feuerbachs (1853) und Herrmann Hettners *Literaturgeschichte des 18. Jahrhunderts* (ab 1855). Gleichzeitig richtete er das Programm neu aus, indem er die aufklärerischen und pietistischen Veröffentlichungen des Vaters durch Publikationen aus den Segmenten Naturwissenschaft, Mathematik und Technik ablöste. Die Veröffentlichung des von Justus von Liebig und Johann Christian Poggendorff herausgegebenen *Handwörterbuches der reinen und angewandten Chemie* (1836–1864) ein Jahr nach der Übernahme der Alleinverantwortung war der programmatische Wendepunkt – und ein kommerzieller Erfolg. So wurden die beiden ersten Lieferungen des Jahres 1836 bereits ein Jahr später wieder aufgelegt.

Neben buchhandelsfremden Aktivitäten wie eine lukrative Kapitalbeteiligung an der Braunschweigischen Landeslotterie seit 1854 (bis 1919) und Investitionen seit 1858 in die Chemische Fabrik Schönhausen (1925 liquidiert) fallen auch die Ausweitung der Unternehmensaktivitäten im Pressebereich in seine Zeit. So gründete er 1831 *Die Deutsche National-Zeitung aus Braunschweig und Hannover*, die allerdings bereits 1840 aus bislang nicht erforschten Gründen wieder eingestellt wurde. 1848 folgte die liberal gemäßigte *Deutsche Reichszeitung*, die 1866 sowohl aus politischen (Scheitern der großdeutschen Lösung, für die sich Vieweg eingesetzt hatte) wie wirtschaftlichen Gründen (Mangel an Abonnenten) eingestellt wurde. Pläne für eine Literaturzeitung des Börsenvereins, an denen Vieweg mit einer Denkschrift maßgeblich beteiligt war, scheiterten (S. 176f.).

Zum Kernbereich des Verlagsbuchhandels gehörten Investitionen in den Druckbereich mit der Anschaffung neuer Druckpressen in den 1820-er Jahren und in eine seit 1838 gemeinsam mit seinem Bruder Carl betriebene Papierfabrik (1895 stillgelegt). 1841 wurde eine xylografische Anstalt eingerichtet. Zur Verlagsbuchhandlung Friedr. Vieweg & Sohn gehörten in den 1850-er Jahren ferner eine Schriftgießerei, eine Buchbinderei und eine Spielkartenfabrik (vgl. S. 246–248 und 532–534). Das Unternehmensimperium umfasste schließlich noch eine Schulbuchhandlung aus dem Nachlass des Vaters. Dieser hatte dem Sohn »ein florierendes Unternehmen« überlassen, das der Sohn »in politisch günstigen Zeiten

durch Fleiß und ausgeprägten Geschäftssinn ausbauen konnte« (S. 192).
So stieg das Gesamtsteueraufkommen für die Viewegschen Betriebe zwischen 1853 und 1866 von 25 auf 216 Reichstaler.

Der Sohn Heinrich Vieweg (1826–1890) trat 1853 in das Unternehmen ein und führte dieses nach einem Schlaganfall des Vaters ab 1867. Dabei trieb er die Spezialisierung des Verlags weiter voran; belletristische Titel spielten in seiner Ägide so gut wie keine Rolle mehr. Dagegen baute er das Segment der Fachzeitschriften (*Archiv der Anthropologie*, ab 1866; *Zeitschrift Naturwissenschaftliche Rundschau*, ab 1886), der Verbandszeitschriften (*Korrespondenzblatt der Deutschen Gesellschaft für Anthropologie, Ethnologie und Urgeschichte*, ab 1870) und der populärwissenschaftlichen Periodika (*Der Globus. Illustrierte Zeitschrift für Länder- und Völkerkunde*, ab 1867) zielstrebig aus. Insgesamt stieg die Zahl der publizierten Titel stark an. Auch wuchs die Zahl der Mitarbeiter deutlich. Das Gewerbesteueraufkommen belief sich zwischen 1872 und 1877 auf konstant 172 Reichstaler. Mit Franz Varrentrapp wurde unter Heinrich Vieweg, der sich eher als Kunstsammler denn als Verleger sah, zwischen 1868 und 1877 erstmals ein Familienfremder Teilhaber am Unternehmen. Varrentrapp war für den naturwissenschaftlich-technischen Bereich und insbesondere für die Chemiker unter den Autoren zuständig (S. 195).

Nach dem Tod Heinrich Viewegs im Jahr 1890 leitete dessen Witwe Helene Vieweg (1835–1909), geb. Brockhaus, die Firma bis 1909. Die operative Führung wurde langjährigen Mitarbeitern anvertraut. Über Details ihrer verlegerischen Arbeit »lassen sich leider keine handfesten Belege finden« (S. 241), weshalb das entsprechende Kapitel auch sehr kurz ist. Ökonomisch waren die 1890-er Jahre die erfolgreichste Zeit; 1894 erreichte der Gewinn mit rund 24.000 Reichsmark zwar einen Höchststand (vgl. S. 18). Der Vergleich mit den Aufwendungen für die Jubiläumsfeiern 1899 und 1911 sowie für die Stiftungen im Jahr 1901 mit insgesamt 180.000 Reichsmark zeigt aber, dass der Gewinn in absoluten Zahlen eher bescheiden ausfiel – oder der Verlag seine Jubiläen über seine Verhältnisse feierte.

Helene Viewegs Schwiegersohn, Bernhard Tepelmann (1862–1919), der mit ihrer Tochter (ebenfalls mit Vornamen Helene) verheiratet war, leitete ab 1909 bis zu seinem Tod im Jahr 1919 das Unternehmen. Von verlegerischen Leistungen ist in diesem Kapitel nicht die Rede, dafür ausführlich von den Beziehungen und Verbindungen Tepelmanns zur Technischen Hochschule Braunschweig und zur Universität Göttingen – bis hin zu kleinsten biografischen Details über die Stipendiaten der dort 1911 eingerichteten Vieweg-Jubiläums-Stiftung.

Helene Tepelmann, geb. Vieweg, war das letzte leitende Familienmitglied vor der Umwandlung des Unternehmens zum 1. Januar 1922 in eine Aktiengesellschaft mit einem Kapital von vier Millionen Reichsmark. 3,385 Millionen Reichsmark davon wurden von Helene durch Sachwerte und 200.000 Reichsmark durch ihren geistig behinderten, später von den Nazis ermordeten Sohn Hans (1894–1941) eingebracht (S. 309). Die gesellschaftsrechtliche Veränderung nur drei Jahre nach dem Tod ihres Mannes lag wohl in der Tatsache begründet, dass die Tochter Helene Schüller ebenfalls 1919 gestorben war und sich daran Erbstreitigkeiten zwischen den Familienmitgliedern anschlossen.

Die verlegerische Arbeit der Jahre 1890–1921 wird resümierend dargestellt (S. 310–318). Demnach stieg die Titelproduktion in der Ära von Helene Tepelmann bis 1908 auf etwa das Vierfache. Danach sank sie noch vor den Einschränkungen durch den Ersten Weltkrieg im Jahr 1913 auf fast die Hälfte (S. 500). Bereits zu ihren Lebzeiten hatte die Veräußerung unrentabler Zeitschriften begonnen. Die wirtschaftlichen Schwierigkeiten verstärkten sich in den Jahren der Inflation. Daran änderte auch die erfolgreiche Publikation von Einsteins Schrift über die Relativitätstheorie (1917) und dessen *Vier Vorlesungen über Relativitätstheorie* (1922) wie auch die Tatsache nichts, dass Vieweg zwischen der erstmaligen Verleihung des Nobelpreises im Jahr 1901 bis 1922 nicht weniger als 17 Nobelpreisträger zu seinen Autoren zählte. Bis zur Umwandlung der Aktiengesellschaft in eine Kommanditgesellschaft im Jahr 1936 schrieb das Unternehmen mit Ausnahme von 1931 in jedem Jahr Verluste.

Der Autor sieht zwei Gründe für den Niedergang: »in der Abkehr der Verlagsleitung vom rein naturwissenschaftlichen, technischen und mathematischen Verlagsprogramm« sowie in den »dynastischen Problemen der Familie Vieweg ab 1887. Während Eduard Vieweg noch relativ viel Kapital aufwenden musste, um seine Geschwister auszuzahlen, stand man in den folgenden Generationen dem Problem gegenüber, dass die

designierten Verlagsinhaber entweder früh starben oder nicht in der
Lage waren, das Verlagshaus zu führen.« (S. 318) Gerade da der Autor
Familiengeschichte und Unternehmensgeschichte verknüpfen will, wären hier Ausführungen zur Frage der Unternehmensnachfolge in solchen
dynastischen Zusammenhängen interessant gewesen.

Die Ergebnisse der Dissertation Andreas Lütjens sind, gestützt auf intensive Archivarbeiten, mit fast 1200 teils ausführlichen Anmerkungen
sowie einem 250seitigen Anhang eindrucksvoll untermauert. Auch wenn
man in Rechnung stellt, dass der Autor keine Geschichte des Verlags
Vieweg schreiben wollte, bleibt die verlegerische Seite doch merkwürdig
unterbelichtet, zumal Dokumente im Anhang zeigen, dass durchaus Material zur Verfügung gestanden hätte. Zum Beispiel wird einer der beiden
genannten Gründe für den Niedergang des Hauses (»Abkehr der Verlagsleitung vom rein naturwissenschaftlichen, technischen und mathematischen Verlagsprogramm«; S. 318) in keiner Weise durch erklärende
Ausführungen belegt. Auch mindern starke Disproportionen in der Darstellung biografischer Details bis in Kleinigkeiten hinein den Erkenntnis-
gewinn deutlich. Beispielsweise wird zwar auf fünf Seiten über den Tod
Eduard Viewegs berichtet (S. 180–185), seine nicht unerhebliche verlegerische Leistung dagegen auf kaum mehr Seiten zusammengefasst, jedoch
nicht detailliert dargestellt (S. 185–195). Skurriles Detail in diesem Zusammenhang sind die Ausführungen über das Konservieren von Spargel
in Blechdosen und die Qualität des Dosenspargels (S. 215). Nicht nur hier
hätte dem Werk vor Drucklegung eine lektorierende Hand gut getan.

Lütjen, Andreas: Die Viewegs. Das Beispiel einer bürgerlichen Familie in Braunschweig
1825–1921. MV-Wissenschaft: Münster 2012. 599 Seiten. ISBN 978-3-869-91530-2.
Die Rezension erschien zuerst in *Archiv für Geschichte des Buchwesens* 68, 2013, S. 225f.

Wagenbach
Verlag für »wilde« Leser

Die Verlagsgeschichte von Wagenbach ist von der herstellerischen Aufmachung her ein Buch wie fast jedes andere aus der Verlagsproduktion. In neun Abschnitten werden die 50 Jahre Verlagsgeschichte zwischen 1964 und 2014 in für diesen Zeitraum charakteristischen Fiction- und Nonfiction-Texten vorgestellt. Klaus Wagenbach leitet die ersten sieben Kapitel (1964–2001) ein, Susanne Schüssler die beiden übrigen. Sie ist seit 1996 neben Wagenbach und dessen Tochter Nina Geschäftsführerin des Verlags und übernahm 2002 dessen Leitung. Der Band entspricht in den von Klaus Wagenbach eingeleiteten Kapiteln mit nur geringen Modifikationen, teils wohl aus urheberrechtlichen Gründen, der Publikation, die zum 40jährigen Verlagsjubiläum erschienen war: *Warum so verlegen? Über die Lust an Büchern und ihre Zukunft*[26]. Abgeschlossen wird die Klappenbroschur durch Überlegungen von Susanne Schüssler zur »Zukunft der Bücher« sowie das Verzeichnis aller erschienenen Bücher. Viele Schwarz-Weiß-Abbildungen ergänzen das Buch, in der Mehrzahl Autorenporträts, aber auch Buchcover und Fotos fröhlicher Geselligkeit, so u. a. von einem »Bade-Ausflug ins frisch hinzugekommene Brandenburg« (S. 104) oder »leicht flegelhaft im Frankfurter Hof« (S. 103) von der Buchmesse in Frankfurt.

Nach einer Buchhändlerlehre bei Suhrkamp sowie einer Hersteller- und Lektorentätigkeit bei S. Fischer gründete Wagenbach 1964 den Verlag. Leitgedanken waren: gleiches Honorar für alle Autoren; Bücher

---

[26] Herausgegeben von Klaus Wagenbach. Berlin: Wagenbach 2004 (Wagenbach Taschenbuch 487).

müssen billig sein; Inhalt geht vor Profit (S. 10). Am Verlag haftete von vornherein »der Hautgout des ›kommunistischen‹ Verlags« (S. 15). Die ersten Bücher erschienen im März 1965, darunter Titel von Günter Grass, Ingeborg Bachmann, Johannes Bobrowski und Kurt Wolff. Im Herbst des Jahrs folgten Stephan Hermlin und Wolf Biermann. Neben diesen *Quartheften* erschienen ab 1968 vier weitere Reihen: die *Quartplatten*, der *Tintenfisch*, das *Lesebuch* und die *Rotbücher*. Hinzu kam 1970–1973 das von Hans Magnus Enzensberger zuvor bei Suhrkamp herausgegebene *Kursbuch*. Wagenbach erzählt diese frühe Geschichte des Verlags als Autorengeschichte, als Wirtschaftsgeschichte, als Geschichte der Auseinandersetzung mit dem gesellschaftlichen und politischen Establishment der Bundesrepublik, aber auch als Geschichte der Auseinandersetzungen im Verlag, der als Kollektiv organisiert war und zu 50 Prozent den Mitarbeitern gehörte. Der Streit endete im März 1973 mit der Abspaltung des Rotbuch Verlags und einem großen Umsatzrückgang des neu gegründeten Verlags Klaus Wagenbach. Fortan sah der Verleger seine Gegner auch in der dogmatischen Linken (»Gedankenpolizei«, S. 63). Eine Reihe von Prozessen setzte dem Verlag wirtschaftlich zu.

Dennoch startete Wagenbach 1975 *Wagenbachs Taschenbücherei*, um zur »Auflockerung ästhetischer und politischer Verfestigungen« (ebd.) beizutragen. Die Verkaufserfolge der Anthologie *Vaterland, Muttersprache* und von Pier Paolo Pasolinis *Freibeuterschriften* finanzierten den Start der Zeitschrift *Freibeuter* im Jahr 1979. Mit Pasolini begann auch die starke Gewichtung italienischer Autoren und Themen von den 1980-er Jahren bis heute, die dann durch eine kulturwissenschaftliche Orientierung ergänzt wurde (*Kleine kulturwissenschaftliche Bibliothek*, seit 1988). 1987 startete Klaus Wagenbach die von Rainer Groothuis ausgestattete Reihe *Salto*, die er wegen des niedrigen Ladenpreises trotz hochwertiger Ausstattung (in Leinen gebunden, fadengeheftet, aufgeklebtes Schildchen) seine »Rache am Sortiment« (S. 81) nennt und die mit zwei Millionen verkauften Exemplaren auch ökonomisch eine Stütze des Verlags ist. Aber kein Kleinverlag ohne Großprojekt: Die Neuübersetzung und Neukommentierung von Giorgio Vasaris *Künstlerleben* erscheint seit 2004; 41 Bände sind lieferbar, neun stehen noch aus.

Klaus Wagenbach erzählt diesen Teil der Verlagsgeschichte aus der Perspektive des kämpferischen Verlegers und doch heiter-gelassen mit der ihm eigenen Ironie. Im Zentrum stehen vor allem Autoren und Herausgeber, aber auch befreundete Verleger und Mitarbeiter – und natürlich die Bücher. Verständlicherweise erzählt er eine Erfolgsgeschichte, verschweigt aber auch Flops nicht.

Susanne Schüssler, die 1991 in der Presseabteilung begann und die die Jahre seit 2002 sachlich und nüchtern beschreibt, weitete das Programm aus und setzte neue programmatische Schwerpunkte: mehr Literatur und diese internationaler ausgerichtet – bei Beibehaltung eines anspruchsvollen (politischen) Sachbuchprogramms. Doch der Strukturwandel im herstellenden (Konzentration, Billigeditionen) und verbreitenden Buchhandel (Insolvenzen kleiner und mittlerer Buchhandlungen, Wachsen der Filialisten, Drehen an der Rabattschraube) verschlechterte die ökonomische Situation eines Verlags wie Wagenbach und zwang ihn zu einer Reduktion der Novitäten zwischen 2002 und 2013 um ein Drittel (von 64 auf 44). Zugleich musste der Verlag das tun, was auch andere in vergleichbarer Situation tun: das finanzielle Risiko überschaubar halten; den Handel noch intensiver betreuen; die Kontakte zur Presse verstärken; den Handel versuchen für Themenaktionen zu gewinnen – und das alles bei Aufrechterhaltung der inhaltlichen und herstellerischen Qualität der Bücher.

Für die »Zukunft der Bücher« sieht Schüssler als notwendige Voraussetzungen ein starkes Urheberrecht, herstellerisch gut gemachte Bücher, die Stärkung des klassischen Buchhandels mit einem wohlsortierten Sortiment und einem Konzept zur Kundenbindung sowie den inhabergeführten Verlag, wie es Wagenbach seit seiner Gründung ist.

Das Datengerüst zu 50 Jahre Wagenbach findet sich auf der Homepage des Verlags (www.wagenbach.de/images/verlag/verlagsgeschichte-online.pdf); die vorliegende Publikation bietet – obwohl durchgehend schwarz-weiß gedruckt – ein farbiges Bild eines Verlags, der zu den raren Exemplaren eines unabhängigen, inhabergeführten Verlags mit deutlichem Profil gehört: 1979 hat sich Klaus Wagenbach Anarchie, Geschichtsbewusstsein und Hedonismus auf die Fahnen geschrieben (S. 84–

86), was Susanne Schüssler etwas weniger spektakulär durch »Widerständigkeit, Überzeugung und Sorgfalt« (S. 179) ergänzt.

Buchstäblich Wagenbach. 50 Jahre: Der ›unabhängige‹ Verlag für ›wilde‹ Leser. Wagenbach: Berlin 2014. 224 Seiten. ISBN 978-3-803-13650-3.
Die Rezension erschien zuerst in *Archiv für Geschichte des Buchwesens* 69, 2014, S. 265f.

Taschenbücher
Ein Kompendium 1950–1959

Zwei Bände mit Schutzumschlag, Großformat von 25 x 28,5 cm, 544 und 391 Seiten, Schmuckschuber, über 6300 vierfarbige Abbildungen, 6,4 Kilo Gewicht – das sind die eindrucksvollen Daten einer Dokumentation aller zwischen 1950 und 1959 in der Bundesrepublik, der DDR sowie in Österreich und der Schweiz erschienenen Taschenbücher. Geschaffen haben dieses Riesenkompendium Reinhardt Klimmt, der ehemalige SPD-Spitzenpolitiker, und der Erfurter Kommunikationssoziologe Patrick Rössler zusammen mit fünf Mitstreitern. Grundlage ist die Sammlung des Bibliomanen Klimmt, der für seine wuchernden Buchbestände eigens eine Scheune anmieten musste.

Der erste der beiden herstellerisch mit feiner Noblesse gefertigten Bände bietet sorgfältig gearbeitete Porträts von Verlagen, die Taschenbuchreihen verlegt haben. Der Schwerpunkt liegt auf Rowohlt, dem ›Erfinder‹ des Taschenbuchs in Deutschland. Ausführlich sind auch Fischer, List, Goldmann und Ullstein mit dem Vorläufer Bürger dargestellt. Etwas merkwürdig erscheint, dass Herder und Heyne – wohl wegen des gemeinsamen Anfangsbuchstabens – in einem Kapitel zusammengezwungen wurden. Heute kaum noch bekannte Verlage und Reihen wie Lehning und die *Non-Stop-Bücherei* sind ebenfalls vertreten. Eigene Kapitel sind ferner Genres wie Kriminalromanen und Abenteuerromanen, aber auch Ratgebern, Sport- und Wissenschaftsreihen, religiösen Taschenbüchern sowie Kinder- und Jugendbüchern gewidmet. Die bundesrepublikanische Taschenbuchszene der 1950er Jahre wird ergänzt durch die ersten Taschenbuchreihen der DDR wie *bb – billige Bücher* im Aufbau-Verlag und *Roman für alle* im Verlag der Nation sowie durch Taschenbücher aus der Schweiz wie die Scherz-Krimis und Österreich mit der *Stiasny-Bücherei*.

Besonders verdienstvoll sind die (Werk-)Porträts von Buchgestaltern wie Karl Gröning jr. und Gisela Pferdmenges, die die Rowohlt-

Taschenbücher optisch unverwechselbar gemacht haben, von Gerd
Grimm und Wolf D. Zimmermann, von Werner Rebhuhn und Kurt Hil-
scher, von Hermann Rastorfer und Lothar Reher, dem wohl wichtigsten
Buchgestalter der DDR.

Zusammen mit den großformatigen Coverabbildungen entsteht so ein
breites Panorama der Taschenbuchlandschaft zu einer Zeit, als diese Publikationsform unter heftigem kulturkritischem Beschuss stand. Der Vorwurf der »Amerikanisierung« des literarischen Lebens war allgegenwär-
tig, ebenso jener, die Taschenbücher würden der Verbreitung von
Schmutz und Schund Vorschub leisten. Besonders hervorgetan bei der
Kritik am Taschenbuch hat sich der junge Hans Magnus Enzensberger,
dessen Essay mit dem Titel *Bildung als Konsumgut* nach einer Zeitschrif-
tenpublikation 1959 im Jahr 1962 paradoxerweise in einem Taschenbuch
veröffentlicht wurde.

Der erste Band schließt mit einem Epilog, in dem kurz die in der An-
fangszeit angelegten Programmlinien fortgeführt und neue Entwicklungen, etwa die Gründung des Deutschen Taschenbuch Verlags und der
Edition Suhrkamp, skizziert werden.

Der zweite Band umfasst ein alphabetisches Verzeichnis der 140 erschienenen Reihen von *Die Abenteuer des Saint* über die *Courths-Mahler-
Taschenbuch-Reihe* und die *Mitternachtsbücher* bis zum *Zebra-Buch*, erfasst
alle in Deutschland, Österreich und der Schweiz zwischen 1950 und 1959
erschienenen Taschenbücher bibliografisch einschließlich des Umschlag-
gestalters und dokumentiert danach die gesamte Produktion von fast
5000 Titeln in einer eindrucksvollen Bildbiografie. Ein Künstlerindex, ein
Verzeichnis weiterführender Literatur, ein Autoren- sowie ein Titelregis-
ter beschließen den Band.

Diese Aufzählung kann natürlich keinen Eindruck von der Fülle der
beiden Bände vermitteln, in allererster Linie von der optischen Opulenz.
Nicht zu unterschätzen ist aber auch die Fülle an Informationen zur Geschichte des Taschenbuchs in dieser Zeit.

Der Schwerpunkt liegt eindeutig auf der bildnerischen Gestaltung der
Umschläge, nicht auf der inhaltlichen Programmatik der Verlage. Kurz:
Hier wird in Umschlägen die Geschichte der deutschsprachigen Ta-
schenbücher und die ihrer meist in den Hintergrund gedrängten Gestal-

ter erzählt. Das ist zugleich ein Stück Design- und Schriftgeschichte und so wesentlicher Teil einer noch zu schreibenden Geschmacksgeschichte der Nachkriegszeit. Und schließlich sind die beiden Bände zugleich Dokumentation und Fundgrube für künftige Forschung.

Einziger Diskussionspunkt ist die recht konventionelle Definition des Taschenbuchs, die sich stark am Format orientiert. Das führt dazu, dass die älteste deutsche Taschenbuchreihe, die 1867 gestartete *Universal-Bibliothek* des Reclam-Verlags, ausgespart bleibt. Andere Taschenbuch-Kriterien wie niedriger Ladenpreis, Reihengestaltung und hohe Auflage erfüllen die Reclam-Bändchen zweifellos.

Zu wünschen und zu hoffen ist, dass die reiche Sammlung von Reinhardt Klimmt noch Folgebände in dieser Fülle und Qualität erlauben wird.

Klimmt, Reinhardt / Rössler, Patrick: Reihenweise. Die Taschenbücher der 1950er Jahre und ihre Gestalter. Achilla Presse: Butjadingen/Hamburg/Saarbrücken 2016. 2 Bde., 544 und 391 Seiten. ISBN 978-3-000-52234-6.
Die Rezension erschien zuerst auf *literaturkritik.de*, Nr. 2, 2017.

Taschenbücher
Das Buch für die Massen

Die 450-seitige Broschur über – so der Untertitel – »Taschenbücher und
ihre Verlage« ist eine Dissertation. Auf den ersten rund 60 Seiten wird
den Usancen solcher wissenschaftlichen Qualifikationsarbeiten Genüge
getan und ein Rahmen aufgespannt, der von Luhmann bis Bourdieu, von
Adorno über die Literaturökonomie (mit Vollkostenrechnung und De-
ckungsbeitragsrechnung!) und Massentheorien reicht. Hier wird referiert
und herbeizitiert, ohne dass dabei ein Zusammenhang mit dem verdienstvollen Kernstück der Arbeit zu erkennen ist. Man kann daher diese
Passage getrost überschlagen. Im Anschluss daran präsentiert Daniela
Völker auf 300 Seiten eine Geschichte des deutschsprachigen Taschenbuchs als Chronik der Taschenbuchverlage und ihrer Produktion. Dabei
werden 66 Verlage exemplarisch untersucht[27]. Das ist in dieser Fülle ein-
zigartig. Ausgenommen bleiben reine Kinder- und Jugendbuchverlage,
ohne dass das begründet würde. Dass die Taschenbuchverlage der DDR
(Ausnahme Aufbau-Verlag) nicht behandelt werden, ist einleuchtend.
Hier fehlen so gut wie alle Vorarbeiten, auf die die Autorin hätte zurück-
greifen können.
    Die Verlage werden chronologisch gelistet. Mehr als die Hälfte der
Verlage (37) werden eingehender mit Verlagsgeschichte, Programm,
Reihen, Marketing und der heutigen Rolle im Taschenbuchmarkt vorgestellt. Diese Verlagsporträts sind zwischen drei und rund zwanzig Seiten
lang und klar strukturiert. Kleinere Verlage bzw. Reihen werden in we-

---

[27] Unerklärt bleibt, warum die *Reihe Hanser* nicht aufgenommen wurde. Dort erschienen
zwischen 1968 und 1978 rund 260 Titel.

nigen Zeilen behandelt, so z. B. die *Sammlung Dalp* aus dem Francke Verlag. Eingestreut sind briefmarkengroße Schwarz-Weiß-Abbildungen, auf denen wegen der Größe und der schlechten Reproqualität oft nicht viel zu sehen ist. Leider fehlen Bildunterschriften durchgehend.

Als Materialgrundlage für die einzelnen Porträts dienen der Autorin die vorhandenen Verlagsgeschichten, -chroniken und -bibliografien, die Webseiten der Verlage, Artikel aus der Branchenpresse sowie über weite Strecken ein Ausstellungskatalog[28] und ein Lexikon deutscher Verlage[29]. Vor allem im Abschnitt Programm wird, basierend auf der jeweiligen Verlagswebsite, oft nur die gegenwärtige Situation referiert. Bei kleineren Verlagen wird häufig die Quelle Trivialitas.piranho/trivialitas.htm zitiert, ein »Forum für Populärkultur«, das – so der Betreiber der Seite – ein »reines Hobbyprojekt« ist.

Im vorletzten Kapitel beschreibt die Autorin die Entwicklung des Taschenbuchs »unter Berücksichtigung der Komponenten Menge, Inhalt, Optik, Preis, Vertrieb und Öffentlichkeit« (S. 361); das letzte bietet – ganz dissertationsgemäß – »Fazit und Ausblick« (S. 387). Wenn hier konstatiert wird, das Taschenbuch sei zum Massenmedium geworden (S. 391), so fragt man sich, welcher Medienbegriff hier zu Grunde liegt. Massenhaftes Vorkommen begründet noch kein eigenständiges Medium.

Das Literaturverzeichnis ist nach Kapiteln gegliedert und recht unübersichtlich. Dass bei der Literatur zum Kapitel »Das Taschenbuch, ein Massenmedium im Literaturbetrieb« neben Adorno, Bourdieu und Luhmann auch Romane von Umberto Eco, Stephen King, Stieg Larsson und

---

[28] Rössler, Patrick: Aus der Tasche in die Hand. Rezeption und Konzeption literarischer Massenpresse. Taschenbücher in Deutschland 1946–1963 (Rheinschrift. Buchreihe des Museums für Literatur am Oberrhein Karlsruhe 5). Karlsruhe 1997.
[29] Würffel, Reinhard: Lexikon deutscher Verlage von A–Z. 1071 Verlage von 1545–1945, 2800 Verlagssignete. Berlin 2000.

Colleen McCullough verzeichnet sind, erhöht die Übersichtlichkeit nicht gerade. Der wichtige Aufsatz von Elisabeth Kampmann[30] fehlt. Das Kernstück der Arbeit besticht durch eine enorme Fülle von Daten, was auch die Zahl von 2556 Fußnoten[31] belegt. Allerdings muss die häufige methodisch unreflektierte Übernahme der Aussagen von Verlagen in deren Selbstdarstellungen kritisiert werden. Denn natürlich geht es hier in erster Linie um Eigenmarketing und nicht immer um historisch korrekte Angaben[32].

Der Rezensent maßt sich nicht an, die einzelnen Verlagsporträts zu beurteilen. Wo er aber einzelne Kenntnisse hat[33], führt eine Überprüfung von Details zu abweichenden Befunden. Der Satz »Als Bestandteil des Holtzbrinck-Verlags ist das Knaur-Taschenbuchprogramm heute in die Marketing-Aktivitäten des Konzerns eingebettet« ist in mehrfacher Hinsicht zumindest schief. So gibt es erstens keinen »Holtzbrinck-Verlag«, sondern die Verlagsgruppe Georg von Holtzbrinck GmbH in Stuttgart ist die Muttergesellschaft der Verlagsgruppe Droemer Knaur GmbH & Co. KG, zu der wiederum der Knaur Taschenbuchverlag gehört. Die Knaur-Taschenbücher sind also zweitens nur sehr indirekt »Bestandteil des Holtzbrinck-Verlags«. Drittens wurde die genannte Marketingaktion »Hochkaräter« nicht vom »Holtzbrinck-Verlag« veranstaltet, sondern war eine Gemeinschaftsaktion der selbstständig am Markt agierenden Taschenbuchverlage, die zur Holtzbrinck-Gruppe gehören. Und schließ-

---

[30] Kampmann, Elisabeth: Stillschweigend integriert? Das Experimentierfeld Taschenbuchmarkt heute. In: Heinz Ludwig Arnold/Matthias Beilein: Literaturbetrieb in Deutschland. 3. Auflage. Neufassung. München 2009, S. 175–190.

[31] Vielleicht ist auch die eine oder andere überflüssig. Um zum Beispiel den Todestag von Willy Droemer zu nennen, muss man dazu nicht die Verlagshomepage zitieren.

[32] Wie stark historische Tatsachen und Eigenmarketing auseinanderklaffen können, hat David Oels beispielhaft im Fall Rowohlts gezeigt (Rowohlts Rotationsroutine. Markterfolge und Modernisierung eines Buchverlags vom Ende der Weimarer Republik bis in die fünfziger Jahre. Essen: Klartext 2013).

[33] Vgl. Fetzer, Günther: 50 Jahre Knaur Taschenbuch 1963–2013. Chronik des Verlages, Verzeichnis aller erschienen Titel. München 2013.

lich ist hinzuzufügen, dass diese Aktion völlig untypisch ist, denn als Gemeinschaftsaktion ist sie die absolute Ausnahme innerhalb der vielfältigen Marketingaktivitäten der einzelnen zur Verlagsgruppe gehörenden (Taschenbuch)Verlage. Zu korrigieren ist auch die Angabe, die Ratgeber-Reihe bestehe seit 2008; sie startete 1980. Es fehlt ferner die Information, dass zum Zeitpunkt des angegebenen Forschungsstands (November 2012; S. 452) das 2009 gegründete Imprint PAN bereits wieder eingestellt war. Und schließlich wurde der Pattloch-Verlag 1999 nicht »der Verlagsgruppe abgeschlossen« [recte: angeschlossen], sondern Pattloch war seit 1987 Teil von Weltbild und gelangte so zu der 1999 gebildeten neuen Verlagsgruppe, die zunächst Droemer Weltbild hieß. Inwiefern Rückschlüsse auf die anderen Verlagsporträts erlaubt sind, bleibt offen.

Pointiert zusammengefasst: Die ambitionierte Arbeit geht nicht über eine beeindruckende Materialsammlung hinaus. Hierin ähnelt sie dem oben genannten »Forum für Populärkultur«. Eine solches Zusammentragen von Material ist zwar sehr verdienstvoll als Grundlage für weitere Forschungen, aber ist es eine wissenschaftliche Leistung?

Völker, Danila: Das Buch für die Massen. Taschenbücher und ihre Verlage. (Studien zu Literatur und Film der Gegenwart 9) Tectum: Marburg 2014. 452 Seiten. ISBN 978-3-828-83353-1.
Die Rezension erschien zuerst auf *IASL online*, 19.03.2015.

Verlage im »Dritten Reich«
Ein Tagungsband

Der Band dokumentiert die Tagung »Verlage im ›Dritten Reich‹« der Historischen Kommission des Börsenvereins in Leipzig am 14./15. April 2011. Zwei der elf Beiträge (Wolfgang Wippermann über den Ullstein Verlag und Thomas Keiderling über Lexikonarbeit) sind Nachdrucke bereits publizierter Texte[34]. Inhaltlich wird das Buch durch ein Personenregister sowie ein Register der Verlage, Buchhandlungen, Druckereien und Institutionen erschlossen.

In einem einleitenden kurzen Artikel skizziert Klaus G. Saur eine Typologie der Verlage im Nationalsozialismus (sofort nach 1933 verbotene Verlage, emigrierte Verlage, teilemigrierte Verlage, unangepasste Verlage, angepasste Verlage, Lexikonverlage und Parteiverlage). Jeder Typus wird durch einige Beispiele charakterisiert; bei den Parteiverlagen werden die sieben wichtigsten kurz beschrieben.

Die elf folgenden Beiträge behandeln zwei Publikumsverlage (Reclam und Ullstein), zwei Wissenschaftsverlage (Oldenbourg und de Gruyter) und Lexikonarbeit am Beispiel von Brockhaus und dem Bibliografischen Institut. Die Artikel über Koehler und Volckmar, US-amerikanische Literatur im nationalsozialistischen Deutschland, die buchhändlerische Ver-

---

[34] Wippermann, Wolgang: Eule und Hakenkreuz. Ullstein und Deutscher Verlag im »Dritten Reich« 1933 bis 1945. In: Enderlein, Anne unter Mitarbeit von Ulf Geyersbach (Hrsg.): Ullstein-Chronik 1903–2011. Berlin 2011, S. 198-219. Vgl. die Besprechung in Archiv für Geschichte des Buchwesens 67, S. 226–229. – Keiderling, Thomas: Lexikonarbeit im Nationalsozialismus. Eine vergleichende Untersuchung zu F. A. Brockhaus und dem Bibliographischen Institut. In: Vierteljahrshefte für Zeitgeschichte (2012), Heft 1, S. 69–92 (im besprochenen Band leicht gekürzt).

marktung des Zweiten Weltkriegs im *Börsenblatt des deutschen Buchhandels,*

die Situation in Österreich nach 1938 und die deutschen Verleger im Exil erweitern – positiv ausgedrückt – das Thema im engeren Sinn.

Karolin Schmahl beschreibt in zwei Beiträgen zunächst die Programmpolitik des Reclam Verlags zu Beginn der Naziherrschaft. Nachdem 14 Prozent der Titel nach der Machtübernahme ausgesondert worden waren, machte der Verlag »in unterschiedlicher Intensität [...] Zugeständnisse an das Regime« (S. 25), publizierte aber auch Titel, die eindeutig im Dienst des Nationalsozialismus standen wie die *Geschichte auf rassischer Grundlage* von Johannes von Leers (1934). Danach schildert sie bis ins Detail die Situation des Verlags nach der Bombardierung Leipzigs im Dezember 1943 und die daraus resultierende Gründung einer Zweigstelle in Passau.

Reinhard Wittmann skizziert die Situation des mittelständischen, konservativen Verlagshauses Oldenbourg im Dritten Reich und fußt dabei auf seiner Verlagsgeschichte zum 150-jährigen Bestehens des Unternehmens[35]. Am Beispiel der Schulbücher (»eine befremdliche biedertückische Mischung aus Traulichkeit und Diktatorenkult«, S. 43) und der Zeitschrift *Corona* veranschaulicht er die »Spielräume, die sich nutzen ließen – wenn auch um den Preis großer, mitunter zu großer Tribute« (S. 45). Mit seiner textsortenuntypischen Attacke gegen »das wohlfeile Gutmenschentum der Nachgeborenen (insbesondere der nachgeborenen Doktoranden und Journalisten)« (S. 39) reagiert er offenkundig u. a. auf die Dissertation *Verleger und Verlagspolitik. Der Wissenschaftsverlag R. Oldenburg zwischen Kaiserreich und Nationalsozialismus* von Tilmann Weso-

---

[35] Reinhard Wittmann: Wissen für die Zukunft. 150 Jahre Oldenbourg Verlag. München: Oldenbourg 2008. S. 384. Vgl. die Besprechung in Archiv für Geschichte des Buchwesens 67, S. 220–222. Dass Wittmann auf Zitatnachweise verzichtet und dafür pauschal auf das genannte Buch verweist, würde bei einer studentischen Seminararbeit moniert werden.

lowski, in der dieser von der »Selbstgleichschaltung« des Verlags gesprochen hatte.[36]

Melanie Mienert dokumentiert in ihrem Beitrag eine winzige Episode in der Geschichte des de Gruyter Verlags im Dritten Reich. Nach einem denunzierenden Artikel im *Schwarzen Korps*, der Wochenzeitung der SS, im Januar 1936 mussten sich zwei führende Mitarbeiter einem Ehrengerichtsverfahren des Börsenvereins stellen: Herbert Cram, der Schwiegersohn Walter de Gruyters und Leiter des Verlags von 1923 bis 1967, sowie Fritz Homeyer, der seit 1923 das wissenschaftliche Antiquariat des Unternehmens aufbaute und seit 1931 auch die dazu gehörige Sortimentsbuchhandlung Arthur Collignon leitete. Während das Verfahren vor dem Ehrenrat des Gaus Groß-Berlin gegen Cram eingestellt wurde, beschloss die Reichsschrifttumskammer den Ausschluss Homeyers, der im März 1938 rechtskräftig und im Juni desselben Jahrs im *Börsenblatt* verkündet wurde. Danach emigrierte Homeyer nach London; 1951 kehrte er nach Deutschland zurück. Mienert will mit dieser Episode zeigen, »wie Herbert Cram als Verlagschef vorging und Strategien zur Bewältigung von Problemen entwickelte« (S. 59).

Thomas Keiderling untersucht, »welche generellen Verhaltensstrategien Buchunternehmer an den Tag legten« (S. 109), beschreibt Phasen der Überwachung des Buchhandels im Nationalsozialismus und exemplifiziert diese allgemeinen Ausführungen am Beispiel des Managements von Koehler & Volckmar. Die herausgearbeiteten Unternehmerstrategien (Existenzsicherung des Betriebs, Umsatzsteigerung und Gewinnmaximierung) sind nur im letzten Punkt (Arrangement mit den Machthabern oder deren aktive Unterstützung) zeitspezifisch. Die Überwachung des Buchhandels gliedert Keiderling in die Vorbereitung des Zensursystems, dessen Aufbau, dessen routinemäßiges Funktionieren und das Funktionieren unter Bedingungen der Kriegswirtschaft. Im Unternehmen Koeh-

---

[36] Wesolowski, Tilmann: Verleger und Verlagspolitik. Der Wissenschaftsverlag R. Oldenbourg zwischen Kaiserreich und Nationalsozialismus. München 2010. Vgl. die Besprechung in Archiv für Geschichte des Buchwesens 67, S. 218–220.

ler & Volckmar gab es eine Auseinandersetzung um die Programmausrichtung der konzerneigenen Verlage K. F. Koehler und Koehler & Ame-
lang. Während der Leiter dieser Verlage, Hermann von Hase, durch das
Verlegen antikatholischer Kampfliteratur und von Schriften zur soge-
nannten Welteislehre, die von führenden Nationalsozialisten bis hin zu
Hitler geschätzt wurde, das Programm auf nationalsozialistische Linie
bringen wollte (Hase selbst war seit 1933 Mitglied der Partei), opponierte
die Konzernzentrale dagegen. Es »sprächen der Ehrenkodex des Zwi-
schenbuchhändlers und die eigene Unternehmensphilosophie« (S. 118)
gegen eine solche Literatur. »Ein zwischenbuchhändlerischer Konzern
müsse als Serviceleistender Rücksicht auf seine Auftraggeber im Buchhandel nehmen« (ebd.). Die Auseinandersetzungen wurden durch eine
187-seitige Denunziationsschrift von Hases vom Oktober 1936 verschärft
und endeten mit dessen Ausscheiden aus dem Unternehmen.

Ernst Fischer beschreibt den »Anschluss« Österreichs 1938 und seine
Folgen für Verlag und Buchhandel in der dann so genannten »Ostmark«.
Für die österreichischen Verlage entfiel der Hauptexportmarkt, und sie
mussten Einbußen durch die ungünstige Umrechnung der österreichischen in die deutschen Ladenpreise hinnehmen; die Bücher verloren für
sie ein Viertel an Wert. Hinzu kamen die Papierkontingentierung, durch
die unliebsame (katholische) Verlage ausgehungert wurden, sowie die
Umwandlung großer Verlage wie Tyrolia, Styria und Carinthia in »NS-
Gau-Verlage«. Insgesamt wurden Verlagskapazitäten abgebaut. Profiteur
der Entwicklung war der Zsolnay Verlag, der nach der Emigration von
Paul Zsolnay zunächst unter treuhänderischer Verwaltung stand und
danach von dem Reichsschrifttumskammer-Funktionär Karl Heinrich
Bischoff im Jahr 1941 übernommen und in Bischoff Verlag umbenannt
wurde. Da der Verlag als kriegswichtiges Unternehmen eingestuft war,
wurde er bei der Papierzuteilung bevorzugt behandelt. So konnte der
Verlag nach der Zahl der produzierten Titel zum größten schöngeistigen
Verlag des gesamten Reichs aufsteigen.

Die rezeptionsgeschichtlich ausgerichtete Untersuchung der US-
amerikanischen Literatur im nationalsozialistischen Deutschland durch
Jan-Pier Barbian sowie die werbegeschichtliche Auswertung des *Börsen-
blatts* von 1939–1940 durch Siegfried Lokatis bleiben hier unberücksich-

tigt. Die kurze Skizze von Klaus G. Saur über deutsche Verleger im Exil sei der Vollständigkeit halber erwähnt; Belege und Hinweise auf weiterführende Literatur fehlen.

Klaus G. Saurs Typologie-Skizze in der Einleitung hätte ein gutes Raster für den Band geben können. In dem ansprechend aufgemachten wissenschaftlichen Buch findet der Leser zwar viel über angepasste Verlage (Reclam, Oldenbourg, Ullstein), aber nichts über unangepasste (Saur nennt Kiepenheuer, Claassen und Hanser) und schon gar nichts über Parteiverlage. Bertelsmann, der Verlag, der mit 30 Millionen verkauften Feldpost-Ausgaben erfolgreichste Verlag auf diesem Sektor (S. 8), wird nur am Rand erwähnt. Was bleibt angesichts der Mischung aus überproportional Vertretenem (zwei Beiträge über Reclam), Kleinteiligem, Randständigem, Nachdrucken und Lücken und zu Korrigierendem[37] von einem Band mit dem anspruchsvollen Titel *Verlage im »Dritten Reich«*?

Saur, Klaus G.: Verlage im »Dritten Reich«. Klostermann: Frankfurt am Main 2013 (Zeitschrift für Bibliothekswesen und Bibliografie. Sonderband 109). 261 Seiten. ISBN 978-3-465-04175-7.
Die Rezension erschien zuerst in *Archiv für Geschichte des Buchwesens* 68, 2013, S. 227f.

---

[37] Karl Aloys Schenzinger wird auf S. 13 fälschlich der Vorname Arnulf zugeordnet, Felix Guggenheim auf S. 235 der Vorname Kurt.

Verzeichnis der zitierten Literatur

Breuer, Dieter: Geschichte der literarischen Zensur in Deutschland. Quelle & Meyer: Heidelberg 1982 (UTB 1028).

Enderlein, Anne unter Mitarbeit von Ulf Geyersbach (Hg.): Ullstein Chronik 1903–2011. Berlin: Ullstein 2011.

Estermann, Monika: Buchhandel, Buchhandelsgeschichte und Verlagsgeschichtsschreibung vom 18. Jahrhundert bis zur Gegenwart. In: Ursula Rautenberg (Hg.): Buchwissenschaft in Deutschland. Ein Handbuch. Band 1: Theorie und Forschung. Berlin/New York: De Gruyter Saur 2010.

Estermann, Monika: Neuere Verlagsgeschichten. In: Archiv für Geschichte des Buchwesens 61. München 2007. S. 216–224.

Fetzer, Günther: 50 Jahre Knaur Taschenbuch 1963–2013. Chronik des Verlages, Verzeichnis aller erschienen Titel. München: Knaur 2013.

Fetzer, Günther: Zwischen Firmenschrift und Wissenschaft – Ein Überblick über neuere Verlagsgeschichten. In: Archiv für Geschichte des Buchwesens 67 (2012).

Friedländer, Saul u. a. (Hrsg.): Bertelsmann im Dritten Reich. München: C. Bertelsmann 2002.

Funke, Cornelia Caroline: »Im Verleger verkörpert sich das Gesicht seiner Zeit«. Unternehmensführung und Programmgestaltung im Gustav Kiepenheuer Verlag 1909–1944. Wiesbaden: Harrassowitz 1999 (Veröffentlichungen des Leipziger Arbeitskreises zur Geschichte des Buchwesens. Schriften und Zeugnisse. Band 11).

Gieselbusch, Hermann u. a.: 100 Jahre Rowohlt. Eine illustrierte Chronik. Reinbek: Rowohlt 2008.

Hieronymus, Frank: 1488 Petri – Schwabe 1988. Eine traditionsreiche Basler Offizin im Spiegel ihrer frühen Drucke. 2 Bde. Basel: Schwabe 1997.

Jäger, Georg: Von Pflicht und Kür im Rezensionswesen. In: IASL online 2001 (IASL online Diskussionsforum: Wissenschaftliche Kommunikation in der Kontroverse).

Kampmann, Elisabeth: Stillschweigend integriert? Das Experimentierfeld Taschenbuchmarkt heute. In: Heinz Ludwig Arnold/Matthias Beilein (Hg.): Literaturbetrieb in Deutschland. 3. Auflage. Neufassung. München: Edition Text und Kritik 2009.

Keiderling, Thomas: Lexikonarbeit im Nationalsozialismus. Eine vergleichende Untersuchung zu F. A. Brockhaus und dem Bibliographischen Institut. In: Vierteljahrshefte für Zeitgeschichte (2012), Heft 1.

Müller, Helen: Wissenschaft und Markt um 1900. Das Verlagsunternehmen Walter de Gruyters im literarischen Feld der Jahrhundertwende. Niemeyer: Tübingen 2004.

Reimer, Doris: Methoden der Verlagsgeschichtsschreibung. Der biographische Ansatz am Beispiel des Berliner Verlegers Georg Andreas Reimer (1776–1842). In WNB 22 (1997), Heft 1.

Rössler: Aus der Tasche in die Hand. Rezeption und Konzeption literarischer Massenpresse. Taschenbücher in Deutschland 1946–1963 (Rheinschrift. Buchreihe des Museums für Literatur am Oberrhein Karlsruhe 5). Karlsruhe: Literarische Gesellschaft 1997.

Röttig, Sabine:»… bleiben Sie wie bisher getrost in Dichters Landen und nähren sich redlich.« Der Gustav Kiepenheuer Verlag 1933–1949. In: Achiv für Geschichte des Buchwesens 58, ORT 2004 S. 1–139.

Schneider, Ute: Verlagsgeschichte als Unternehmensgeschichte. In: Corinna Norrick/ Ute Schneider (Hrsg.): Verlagsgeschichtsschreibung. Modelle und Archivfunde. Wiesbaden: Harrassowitz 2012.

Schröder, Jörg: Siegfried. Jossa: März 1972, 20. Aufl. 1979.

Schröder, Jörg/Nettelbeck, Uwe: Cosmic. Berlin/Schlechtenwegen: Verlag Die Republik 1982.

Triebel: Theoretische Überlegungen zur Verlagsgeschichte. In: http:// www.iasl.uni-muenchen.de/discuss/lisforen/Triebel_Theorie.pdf [aufgerufen 01.06.2017].

Wippermann, Wolfgang: Eule und Hakenkreuz. Ullstein und Deutscher Verlag im »Dritten Reich« 1933 bis 1945. In: Enderlein, Anne, unter Mitarbeit von Ulf Geyersbach (Hrsg.): Ullstein-Chronik 1903–2011. Berlin 2011.

Wittmann, Reinhard: Vom »SS-Mann Horst Kliemann« und der »Selbstgleichschaltung« Oldenbourgs. Anmerkungen zur aktuellen Verlagsgeschichtsschreibung. In: Archiv für Geschichte des Buchwesens 70, 2015.

Wittmann, Reinhard: Wissen für die Zukunft. 150 Jahre Oldenbourg Verlag. München: Oldenbourg 2008. 384 S. Vgl. die Besprechung in AGB 67 (2012).

Würffel, Reinhard: Lexikon deutscher Verlage von A–Z. 1071 Verlage von 1545–1945, 2800 Verlagssignete. Berlin: Grotesk 2000.